JN074556

事業存続のための M&Aのススメ

瀬戸　篤・出口秀樹 著

中央経済社

はじめに

　筆者は，12年間の民間企業勤務を経て，国立商科大学で過去四半世紀教鞭をとりました。はじめは商学部・大学院の助教授として経済学を，その10年後からは専門職大学院と呼ばれる国立大ビジネススクールの企業家精神担当教授としてベンチャー論を論じました。そのため，経歴からいってM＆A業務を直接担当したことは無く，また自ら経営者としてM＆Aの是非を判断する立場にあった経験もありません。

　けれども，ビジネススクールにおいて「企業家精神」および「テクノロジービジネス創造」を担当し，いやが上にも大学発ベンチャーやこれらに投資する民間株式会社の経営に非常勤監査役として直接関わらざるを得ず，結果として新たな企業の誕生から成長そして出口戦略まで，役員として経営の現場に身をもって接しました。多分，国立文系大学教授でこのようなベンチャー支援に直接参加した経験者は我が国でごく少数でしょうし，欧州や米国におけるベンチャー設立および育成状況を，文部科学省委託により現地関係機関と責任者へのインタビュー調査を行った経験も多数あります。

　このような現実の経験から，これからの日本の産業構造のさらなる高度化のため，既存の生産手段をうまく活用しながら，その構造をさらに将来に向けて進化前進させるためには，大学等の生み出すテクノロジーベンチャー支援のみではあまりにも微少であると実感しました。

　それゆえ，農業を含めた既存中小企業が大きく自己変革すべき時代に入ったと考えますが，これにはまず中小企業における企業家精神あふれ

る次世代経営者を新たに発掘し，彼らに新たな投資を開始しなければ，マクロ経済学の観点から日本の停滞は避けられない，との結論に至りました。

　他方，こうした中小企業における革新の停滞が，かつてシュンペーターによって提唱された企業家主導のイノベーションによって打破されるならば，日本の経済構造は高度化し新たな経済発展が大いに進む素地の豊かな国であることを確信します。日本には，素晴らしい生産手段と人材が存在します。特にそれは農業を含む無数の中小企業に宿っているからです。

　27年前，筆者が民間企業を辞して大学教員に転身したのち，大学院修士課程で研究指導学生として共同執筆者である出口秀樹税理士と会いました。彼は，2000年頃，開業間もない税理士として大学院経営管理専攻に入学し，修了後も引き続き二人で海外調査に出向くなど20年以上の交友が続いており，現在も大学院ＯＢゼミの参加者でもあります。

　出口税理士は，サラリーマン家庭の出身ですが，20歳代で税理士免許を取得して独立開業し，30歳代で国立商科大学大学院の社会人修士課程で学び，40歳代で自らの税理士事務所経営を軌道に乗せた企業家です。彼の職業経験は，ゼミ仲間の誇りであるとともに，これからの日本の中小企業経営者のあるべきモデルを示しています。

　昨今，次世代後継者が見つからないばかりに，せっかくの黒字中小企業が創業者の引退とともに清算せざるを得ない状況が多発している現実に対して，二人は心痛めておりました。出口税理士は顧客支援の立場から，また，筆者は日本マクロ経済におけるイノベーションの観点から，本書の構想を共同で描き執筆にとりかかりました。幸い，中央経済社に打診したところ，本書が出版に値するとのお声を頂いたことは，二人に

とても大きな励みとなりました。

　現在，日本では，地域の優れた中小企業が20歳代，30歳代という若手社員を雇用しながら，後継者不足によって廃業の危機に至っている現実に直面しています。これでは，新たなベンチャー支援においても，穴のあいたバケツに懸命に水を汲んでいるようなものです。つまり，未成熟なベンチャー１社を誕生させる間に，100社の優れた中小企業が消滅することと同義であり，これからの日本にとってきわめて憂慮される事態であることは言うまでもありません。

　そこで，私たちは，本書の対象を年金受給資格が得られる65歳を基準年齢として，商工業や農業などの業種区分も，テクノロジー系か否かの区分けもしない，新たな＜Ｍ＆Ａのためのオリエンテーション＞書を世に問うべきと考えました。本書は「65歳前後の経営者年齢」にターゲットを絞ることで，その前後に確実に訪れる後継経営者へのバトンタッチについて，従来の日本で濃厚であった長子相続の限界性を超えて，それを担える資質能力，バイタリティー（＝企業家精神），そして実務能力に優れた個人や法人へのＭ＆Ａについて構想しました。

　一昨年には，さらに好ましい執筆の動機が生じました。それは，本共同著者である出口秀樹税理士が，自らの後継者難問題を背景として四半世紀かけて育てた個人事務所を，2021年７月に東京の国際会計事務所ネットワーク傘下の税理士法人にＭ＆Ａしたことです。その結果，自らが株式的な交換手法によって同法人グループの共同代表パートナーとして就任し，現在は札幌と東京で全体の法人経営に参画しております。以上を含め，実際に税理士として取り扱った多くの事実に基づく考察によって本書は執筆されております。

● M＆Aを考える農業・中小企業・ベンチャー企業の経営者・創業者
　の方へ

　M＆Aは，苦しい創業期を経て今日の成功する中小企業に至った経営
者に対して，十分な老後の資金をもたらすものでなければなりません。
私たちは，その総額を，

現在の資産－負債＋退職慰労金＝１億円以上

と考えます。

　反対に投資元から見ると，資産－負債が相殺されるのであれば，わず
か１億円の現金を用意できれば，きわめて成功率の低いベンチャーに投
資をしなくても，優秀な中小企業を，顧客と市場，従業員と生産設備を
丸ごと買収できます。

　他方，会社経営と債務から解放され１億円を得た現経営者は，自身の
公的年金（夫婦で月平均24万円）に加えて，１億円の2.4％＝240万円（＝
月額20万円）を株式投資や銀行預金の配当利子所得として受け取ること
ができ優雅な引退後生活を送れるはずです。もちろん，企業経営に付き
ものの資金繰りから一生解放されます。

　「一生現役」を金科玉条としなくても，自らが育て上げた会社組織が
新たな時代に新たな経営者によりさらに前進することを喜びとする思想
哲学が，少子高齢化が旧ピッチで進む日本でもう少し普遍化してもいい，
と筆者らは考えます。

　以上から，これまでの＜家業＞から脱皮した＜企業家精神に溢れる革
新的中小企業＞を日本経済にもたらすべく，従来の「乗っ取り・乗っ取
られる」というM＆Aに対するアレルギーを取り払い，企業家中心のイ
ノベーションあふれる日本再構築に向けた書ととして，多くの方々に読
まれることを希望します。

　それゆえ，本書は経営者とその候補者のみならず，こうした地域の中小企業を融資先としている地域の銀行，信用組合金庫，農業協同組合の方々にとっても参考となるよう念願します。

国立大学法人小樽商科大学名誉教授

瀬戸　篤（北大農学博士）

事業存続のための
M＆Aのススメ

目　次

第3章 M＆Aの流れとコスト

第4章 M&Aの経済学

中小企業になぜM＆Aが必要か？

　企業は5つの要素で構成されています。すなわち，①株主，②サプライヤー（供給元），③従業員，④カスタマー（顧客），⑤ファイナンス（銀行等法人向け金融機関），です。それゆえ，以上の5つの要素がすべてそろった企業はもはや「家業」ではなく，「社会の公器」といえます。そのため，経営者の個人判断で簡単に清算や売却などできません。

　筆者は，四半世紀にわたり大学発をはじめとするテクノロジー系ベンチャーを支援してきましたが，それらは成功しない限り「社会の公器」としての役割を果たせません。

　その創業目的は，大学や公的研究所で生まれたサイエンスをいち早く実用可能なテクノロジーに転換し，その需要側にあるごく一部の大手企業に知財を会社ごと売り渡すことによって，それまでのサイエンスに対する投資を株主に還元するとともに，その果実を国民の財産（国富）としてストック化する重要なミッションを有します。

　しかしながら，これらのテクノロジー系ベンチャーは，サイエンスが生まれ「社会の公器」として成功するまでに10から30年という膨大な時間と資金を要します。それゆえ，預金者から小口で集めた預貯金を，預金者金利を上回る金利を上乗せして企業に融資することを基本的なビジネスとする一般市中銀行は，このようなベンチャー企業に融資することが原理的に不可能なのです。

　そもそもテクノロジー系ベンチャーは，創業時から数年間にわって開発投資のみが続くため，毎月の収入はなく，元金払いはおろか利息の返済すらできない組織なのです。

　その結果，これらのベンチャー企業は毎月の返済を迫られず，投資受け入れに際して提供した株式を2から20倍の倍率で第三者企業に知財ごと売り渡すか，独力で東証などの証券市場において株式が公に売り出されることによって，はじめて投資家への還元に応えられます。

それゆえ，一般市中銀行は，先述した企業の①～⑤の要素を満たす既存企業のみに融資すべきことは自明です。しかしながら，後に明らかにするように，**後継者（次世代経営者）が存在しない社会の公器たる企業**が，現在の日本には溢れています。現にＯＥＣＤ調査でも明らかなとおり，創業から100年を超える長寿企業は世界でも特異的に日本に多いのです。

　これに対して，たとえ家業として創業した旅館業や割烹料理店ですら，地域における圧倒的なブランド力を保有しているにもかかわらず，家業の承継者＝長男・長女が相続を希望しない場合，ないし，そもそも子供が存在しない場合，会社は安目に同業他社や不動産業種に売却されるか自己清算することが現状です。

　つまり，これから日本の銀行はベンチャー企業にではなく，**優秀な「経営候補者」に対して会社を担保とする「大型M＆A資金」を融資として実行する戦略**が求められています。それでは，銀行はどのようにして良質な経営候補者を見つけ出し，優れた中小企業の既存経営者（創業者）を結びつけられるのでしょうか？

　換言すれば，既存の中小企業経営者（農業を含みます）は，どのようにして第三者である**血筋に無関係な企業家精神旺盛で誠実な経営者候補者**と出会えるのでしょうか？

　本書は，こうした複雑かつ偶然がもたらす出会いを，なんとか地域と日本産業のために人為的かつ有機的に結びつけたいという意図から執筆されました。それでは，本題に入りましょう。

1　イノベーションと企業者

　M＆Aは，2つの領域で今の日本経済社会に不可欠です。

　領域の一つは，主にテクノロジーの買い手となる国内大企業によるM＆Aが不熱心なため，新陳代謝のカタマリのようなテクノロジー系ベンチャー企業のM＆Aが進まず，結果として産業全体のイノベーションが遅々として進まない。サイエンス分野で27名のノーベル賞受賞者を日本が輩出しているにもかかわらず！です。

　領域の二つは，創業者ないし創業家が血のにじむような努力を続けて現在の中小企業を形成・継続させたにもかかわらず，妥当な次世代後継者が親族にいないという理由だけで黒字清算されてしまうのは，一人でも貴重な地域雇用が失われる国富喪失以外の何ものでもありません。

　一方では，テクノロジー系ベンチャーの出口に乏しく，他方では地域のブランドである中小企業における次世代の経営者不足という現実は，世界的にみて何とモッタイナイ日本経済の現実なのでしょう！

　こうしたM＆Aによって国内経営資源の隘路（あいろ）を打破しなければ，近未来に日本経済が陥ってしまう経済危機は必至です。円はそのとき途方もなく下落し始め，初めに240円（筆者の学部生時代），やがては360円（筆者の小学生時代）まで転落することは，正当なマクロ経済学理論に照らしてほぼ間違いなく予測可能です。

　だからこそ，現在の国際競争力の裏返しともいえる妥当な円水準（対ドル130～160円）のうちに，早急に国内産業の自己革新＝企業M＆Aを急速に進めなくてはなりません。

　例えば，地域で信頼される鉄工所や配管設備店が，後継者難のため廃業し駐車場やマンション用地となった場合，元経営者夫婦は比較的富裕

な老後を送れるでしょう。けれども，従来の鉄工所や配管設備店に雇用されていた10〜20名の正社員は家族を含め4倍の40〜80人の生活基盤が，会社廃業によって一挙に失われてしまいます。

また，必死で自らベンチャー企業を創業して，すでにベンチャー補助対象からはずれた創業10年以上を経た普通の中小企業は，仮に創業者が銀行に借金がないとしても多額の自己資金貸付けを行っている会社も数多く，それがゆえに誰もその債務を引き受けるわけもなく創業者の寿命とともに消えゆくのは悲しい現実です。

こうした地場の鉄工所・配管設備店や，元ベンチャーで今は普通の中小企業にとって，黒字清算や同業他社への身売りという選択肢ではあまりに苦しいし，従業員にとって夢も希望もありません。

もしも，ここにかつての創業者であったのと変わらない，しかも業界構造をよく知る，経営者への道を自らの人材に重ねたいと切望する次世代の経営候補者が現れたとしたら，事態はその後どのように変異するでしょうか？

まさに当該企業にとってイノベーションと言えるでしょう。しかしながら，後継者を見いだすことは本当に難しい作業です。なぜなら，中途転職者については，少なくとも1年以上ともに職場で同じミッションの下でともに汗を流さなければ求める人材としての最低限のクオリティーが判断できないし，中間管理職として職場のチームリーダーになれるか否かの見極めには最低2年が必要です。

さらに，取締役として企業のとるべき戦略をロジカルに考え，それを他の社内全員に理解させるだけの論理力と修辞法（文章作成能力，聞く力，話す力）を実証するためには最低2年を要します。

端的に言えば，新たな中途採用1年＋管理職2年＋取締役2年の計5年間が，次世代経営候補者の選定に必要です。しかも，その過程で，本

人がいくら有能であったとしても周囲に溶け込めず，これまで長く勤務する同僚や部下が次々と退職し始めたとしたら全くの本末転倒です。

　だからこそ，対象となる個人としては中途転職以前に働きながら学べる夜間社会人ビジネススクール（大学再教育）が大切です。一方，採用して次世代経営者を期待する側としては，**次世代経営者を指名するまでの時間をどうしたら短縮化できるか？**　これが本書に与えられた究極のミッションなのです。

　ここで，いったんアタマをほぐすため，最近見かけないことがない「イノベーション」というコトバの定義を再確認しておきましょう。

　イノベーションという概念は，弱冠29歳で欧州の天才経済学者と称されたオーストリア・ハンガリー帝国大学のシュンペーター教授が1912年に公刊した『経済発展の理論』で，歴史上としてはじめて定義した**経済成長とは別に存在する経済発展のエンジンとしての「新結合」**に由来します。

　シュンペーター教授は，経済発展が行き詰まった時に，企業者が突如として出現し，既存の生産手段を自在に組み替えることによって（生産手段の新結合），経済発展は実現され，経済は新たな成長軌道に乗ると説明しました。驚くべきことに，本理論は，第一次世界大戦のわずか2年前，当時の英国がドイツに対して工業生産力で完全に敗れ，またアメリカと日本（我が国初の八幡製鉄所運開1901年）におけるめざましい産業革命の進展を直接の背景として生まれた画期的な経済理論でした。

　新結合の対象となる旧い生産手段として，シュンペーター教授は次の5つをあげます。すなわち，①財貨，②生産方法，③販路，④原料素材，⑤組織，です。戦後，日本政府の旧経済企画庁（現総務省）が「もはや戦後ではない」と発表した時，イノベーション＝技術革新として翻訳さ

れました。しかしながら，シュンペーター教授によるとイノベーション
には，技術対象の①，②，④に加えて，③販路（マーケティング・サプ
ライマネジメント），⑤組織（新事業・ベンチャー・M＆A）が含まれ
ていました。

　しかも，これらの新結合を実行するためには，経済市場を主戦場とす
る新結合の主体者たる企業者（今日の「起業家」）と，企業者による新
結合に欠かせない行動（M＆A，設備投資，新規雇用）に対して，その
資金を前貸する銀行家（投資銀行，ベンチャーキャピタル）が欠かせな
いと説明しました。つまり，新結合（イノベーション）は，起業家と金
融機関の両輪によって実現し，社会の経済発展は新たな段階に進むと説
明します。

　そうした意味で，政府のばらまき財政支出は，こうした民間における
イノベーションとの資金競合という観点でクラウディングアウト（民間
資金の公的部門への移動）を生じさせ，持続的な経済発展には寄与しな
いことを意味します。

　だとすると同額の財政支出を行うならば，後継経営者難によって黒字
清算せざるを得ない中小企業や，何代も続いた豊かな農地が後継者不在
のために耕作放棄せざるを得ない個人農家に対して，次世代後継者探し
を国や自治体は熱心に応援するほうが近未来に新結合を国内各地に発生
させて，新たな雇用を生む経済発展に直接貢献する政策となることが理
解されます。

　シュンペーター理論によると，失業者が出たからといって財政のばら
まきを行っても，新たなイノベーションは生じません。それよりも，従
来の企業に新結合を起こす起業家を支援するイノベーション政策のほう
がはるかに効果的なのです。

2　次世代経営者をM＆Aで探す新発想

　すでに1でイノベーション（新結合）を持続的に発生させるためには，シュンペーター教授の言う起業家＝次世代経営者の探索が不可欠である理由を明らかにしました。それでは，大学などで生まれるテクノロジー系ベンチャーは別として，首都圏を含む地域における一般中小企業や農家の次世代後継者を，私たちはどのようにして発掘・指名すれば良いのでしょうか？

　最近，若い世代を対象とする転職サービスが隆盛を見せています。これは，ほとんど職業キャリアと呼べるもののない就職後数年の若年労働力を対象として，「登録するだけはタダ」を標榜して個人情報をタダで入手し，彼らを新卒では労働力需要をまかないきれない会社への転職仲介することで，本人は無料，転職先企業にはおおむね初年度年収の30％を請求する，見かけは個人対象ながら実は法人営業の新たな収益ビジネスです。その結果，最低10年を要する新卒のキャリア形成は寸断され，本人は実力のなさのゆえ新たな転職活動に向かわざるを得ないという悲劇を再生産しています。

　最終的に，職業人生40年のキャリア形成は転職のたびに大きく断絶し，かつ老後の年金確保と資産形成に大きくマイナスし，経済的にはあまり恵まれない老後を送ることになります。にもかかわらず，どうして若い世代がこのような短期的なジョブ志向をもつのかといえば，それは，

①　高等教育が真に彼らの能力開発に機能していないこと
②　たとえ本人がイノベーション志向をもっても，それを実現する
　　道筋や可能性がほぼゼロに見えること

③　そもそも「継続力は才能」であることを幼少時から教えられて
　いないこと

が挙げられます。筆者は27年間の教員人生でそれを痛感しておりました。

　それでは，若い世代が我々旧世代に比べて顕著な能力差が存在するか
といえば，そうとは言えません。

　彼らは確かに暗算力が劣ってきたようですが，電卓の試験場持ち込み
を許せば，何ら支障なく難しい経済学・数学の問題を解く能力があるば
かりか，インターネットを通じて入手できる数値情報をエクセルなどの
数値アプリケーションで処理することに関しては，パソコンを学部生時
代に持たなかった私たち旧世代を，はるかに凌駕しています。

　それでは，なぜこのような日本の未来ある若い世代が，せっかく終身
雇用を前提として就職できる（先進国では例外的，フランスでは正社員
登用までに７年を要する！），信じられないほど恵まれた雇用条件をい
とも簡単に捨て，自らの職業キャリアを転職のたびにリセットせざるを
得ない人生の損失を繰り返してしまうのでしょうか？

　筆者はその理由として，①西欧先進国の新卒者に対する厳しい雇用条
件を知らなすぎる（日本が反対に豊かすぎる），②目指すべき職業上の
ゴールが見えなさすぎる，ことの２つが原因しているように思われます。

　前者はともかく，後者については政府やマスコミがイノベーションの
重要性を標榜するわりには，若者世代がどのようにイノベーティブな人
生を送るかというジョブキャリアが明示されていないことが問題と考え
ます。だから，若い世代は少しでもその流れに身を置きたくて，自分の
職業キャリア形成よりも時代のトレンドにあったビジネス志向転職に
陥ってしまうのだと考えます。

　若い世代が，このような悲劇を回避し，それぞれの職業キャリアと未

来の日本が合致する人生を送るためには，①学生時代に自らも経営者への道が十分用意されていることを明示する，②そのためには新卒時代からかなりしっかりした職業キャリアを10年以上続け，30歳代後半にはプロと呼ばれる職業人にならなくてはいけないことを自覚させる，③管理職時代に，同様のビジョンや価値観を共有する同級生と出会える働きながら学べる職業専門校（ビジネススクール，ロースクール，MOT）で，自らの投資で学び直す機会が周囲に存在する，ことが大切だと考えます。

　ここまでの議論で，次世代経営者探索に行き詰まっている現在の中小企業経営者のニーズと，10年以上の職業キャリアとビジネススクールなどでの学び直しを続けてきた次世代経営者のシーズが，M＆Aによって出会えることの重要性を読者は理解されたと考えます。

　そのような出会いすなわち次世代経営者として指名されることがマスコミで報道されることによって，現在の大学生が大きな希望をもって10年におよぶ職業キャリア形成を志向するようになることは，社会のイノベーション（新結合）に直結するのです。

　それゆえ，現在の経営者たちはこのような出会いを必然とする環境に身を置く必要があります。確かに，トヨタやスズキに代表される同族の経営者男子がいなければ，直系の娘に婿をとって同族経営を続けるダイナミズムの伝統が我が国には存在します。しかしながら，売上10億円未満の中小企業や農家にとってこのような同族経営の風化は激しく，現創業者の年齢は高まるばかりです。

　そもそも，自宅や保有地のみを資産として，これを担保に銀行から数千万から数億円の恒常的な融資借り換えによって継続している経営者から，土地資産は別として，会社の負債のみを引き継げる次世代経営者がどれほど社内外に存在するというのでしょうか？

　特に，未上場企業の場合，未だに負債を次の経営者の連帯債務者が担

うケースも多いのです。大きな資産もない代わりに，家族のための住宅ローンしか負債のない一般サラリーマンが，前経営者の負っている事業債務保証を代わりに負えというのはあまりにも酷であり，非現実的です。だからこそM＆Aなのです。

M＆Aの詳細な実務は，それを自ら経験した税理士によって本書の2章と3章で，克明に記されています。それゆえに，ここではM＆Aがもたらす事業の継続性の意義を説明しておきます。

自ら育て上げた目に入れても痛くないほど愛する従業員や心血を注いだ発明特許とノウハウを，会社ごと第三者にM＆Aすることの痛みは重々承知しています。

けれども，それが同業他社への会社売却ではなくて，あくまでも現在の経営を続けるという前提の次世代経営者へのバトンタッチであったとすれば，経営者自身はもちろん，転居や無理なリストラを伴わない従業員にとってどれほど幸せな結果をもたらすでしょうか？

後者を選択するには以下の要素が欠かせません。すなわち，

---

① 企業家精神あふれる有能な次世代経営者

② 事業そのものの企業価値を担保として大規模なファイナンス（融資）ができる地元銀行

③ これらを結び仲介できる信頼に値する対法人サービス（M＆A仲介者，税務会計事務所，弁護士事務所）

の3つです。

②と③は所与であったとしても，①の探索はどうすれば良いのでしょうか？

私は，27年間にわたり社会人大学院およびビジネススクールの教員として，大手企業経営管理職と中小企業経営者の2種類の背景をもつ教え

子に接してきました。その結果，大手企業管理者の中には将来取締役と
なっても不思議ではない非凡な才能をたびたび目撃してきましたし，同
時に，同族だから半ば義務的に家業を引き継がねばならない学生も見て
きました。

　こうした教え子の中には，相当の偶然がなければ上場企業の取締役に
なれる機会はほとんどない者もいます。また，同族だといって相当無理
している中小企業経営者と，その候補者となりうるサラリーマンの30歳
代に日々接してきました。

　その結果，前者の有望な大企業経営管理者たちが，もしも銀行の法人
担当者を完全に味方に引き入れ，相当な融資条件をもって優れた中小企
業ないし，農家（法改正は必要ながらも）をM＆Aできるのであれば，
これらの次世代経営者として数十年もの職業キャリアを同一企業での昇
進競争ではなく，新たなシュンペーター教授の言う企業者として大活躍
できるのではないかと，考えるに至った次第です。

　地域の銀行も，経常的な預貯金はあるものの，その維持コスト＝預貯
金利息を大きく上回る優良な貸出先の探索に必死の状況です。そうであ
るならば，これら地域密着経営を標榜する銀行は，それゆえによく知っ
ているあまり表に出ない優れた中小企業経営者を説得して，持参金付き
の（大型M＆A融資）次世代経営者候補を紹介してはいかがでしょう
か？

　もちろん，かつて高度経済成長時代にはやった銀行内職員が候補で
あっても構わないのです。現にグローバル展開力で日本トップを誇る自
動車・二輪車メーカーであるスズキ会長は，旧三井銀行職員ながら婿と
して同社に転籍し，現在のスズキ経営を確立された伝説の経営者なので
すから。「地域の銀行マンよ，企業家精神をもて！」とエールを送りま
す。

3　M＆Aの日米比較

　2022年の瀬戸篤他共著『イノベーション具現化のススメ』第4章137頁で，一般ベンチャー企業のＩＰＯ（新規株式公開）対Ｍ＆Ａ比は，米国と日本で反対の数値となっています。ここで絶対数を無視して，米国ではなぜＭ＆Ａが多く，日本ではなぜＩＰＯが好まれるのでしょうか？

図表1－1　日米の出口割合比較

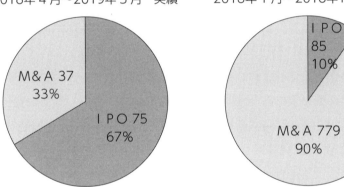

日本
2018年4月〜2019年3月　実績

米国
2018年1月〜2018年12月　実績

（出所）　『ベンチャー白書2019』一般財団法人ベンチャーエンタープライズ
　　　　センター

　米国，特にシリコンバレーに日々生まれるテクノロジー系ベンチャーは，旧式な工作機械と低賃金な移民労働者，レンタル工場で一日も早い試作品作りに社運をかけます。

　ある時，筆者がシリコンバレーで訪問したパソコン・デバイスのベンチャー企業では，サリーをまとったインド系の女性労働者が，最新のデバイスをきれいとは言いがたい廃屋に近い古びた工場の片隅で試作して

いました。

　働いている労働者は新移民といわれるアメリカに入国して，間もなく働く権利を得たばかりの人々でした。これに対して経営陣は，高学歴者に共通するＭＢＡを有するエンジニアや財務担当の執行役員（Managing Director）たちでした。彼らに製品の歩留率を聞くと，わずかに1,000個中30個と答えました。良品率はわずかに３％です！

　その意図と理由を聞いて納得させられました。彼ら曰く，「世界で誰よりも早くマイクロソフト社に技術を可視化した試作品（Proof of Concept）をプレゼンテーションしたい。そのためには30個もあれば十分。大手マイクロソフトに会社全体を知財丸ごと売り切るため，我々は日夜懸命に努力している。あとの量産化は買った大手企業が中国なり台湾に任せれば良い」とのことでした。

　自動車産業や航空機産業であれば，このような低コスト低生産技術の試作品が全く受け入れる素地はなく，ここに誠実・納期・勤勉で知られる日本の中小企業の活躍する場があり，ＩＣＴ※デバイス分野で勝ち目はありません。だからこそ，現在日本・英・イタリアとの共同開発が始まったＦ３（次期主力戦闘機）は国内で開発生産されなくてはいけないのです。

※ＩＣＴ（Information and Communications Technology，情報通信技術）

　しかしながら，成長するＩＣＴ分野では今日の製品も明日には陳腐化します。だから，Proof of Concept を業界最大手の企業に持ち込み，知財＝会社として株式を100％売り切り，自分たち経営陣に約束されているストックオプションを勝ち取ることのみが米国におけるベンチャー設立の真の目的なのです。もちろん，元々の個人出資者やベンチャーキャピタルは，当然，所有する株式をすべてＭ＆Ａ先に売却して巨額のリターンを得られます。一体，日本の大手ＩＣＴ企業は，21世紀に入って

もこのような迅速かつ安直な流れに抗してゆけるのでしょうか？

　他方，同時期に筆者が国内で実際に経験した国内大手企業に対する大学発のハイテク素材プレゼンテーションのある場面です。相手方との大学発ベンチャーを通じた共同研究も進化し，いよいよ相手方企業の原材料購買部と折衝を始めた時，にっちもさっちもいかなくなっていました。

　その理由は，ベンチャーがせいぜい数グラム開発を目指している時に，数トンレベルでの量産の可能性が担保されない限り，自社では採用に至らないとのことでした。だが，そうしたスケールでの生産能力は大学にもベンチャー企業にも存在しないし，むしろ相手方こそその能力を自在に有しているのですから，当該ベンチャー企業の株式移転による特許込みのM&Aが期待されましたが，現実にはそうなりませんでした。

　大企業は研究開発レベルでは産学連携に対して非常に積極的です。けれども，自社での量産試作採用となると，ほぼ不可能でした。その原因は，単なる日本的な稟議に基づく冗長な意思決定システムのみならず，経営トップが決断せずに部下にリスクとリターンを同時に求めるばかりに，部下は安定保守を望むことにあるようでした。

　こうした保守的な意思決定が閉鎖された国内市場だけなら過去では成功したかも知れません。だが，冷戦が終わって1ドル360円といった非現実的な円安も去った今日，さらには少子高齢化が国内純貯蓄を急速に減少させる今，日本人独自の才覚で国内の産業構造を一気に高度化しなければなりません。それは明治維新や1945年の敗戦後に起きた構造変化と同じスピードでなくてはいけません。

　このような時，同じ品質のものを日本国内より安く試作できるテクノロジー系ベンチャーが海外に存在する場合，相手方との交渉は同じく迅速な買収側との競争によって加速化し，海外M&Aの時間軸で早期の意思決定を求められます。ところが，国内では従来どおりの遅々とした意

思決定，他方，海外では迅速な意思決定というダブルスタンダードを続けた場合，国内に有力なテクノロジー系ベンチャーは育たず，少子高齢化する貴重な国内純貯蓄は海外に流失する一方です。

　だから，もう一度日本産業全体の新結合（イノベーション）が欠かせないわけですが，明治維新や敗戦後と異なり圧倒的な国内資本，優れたインフラ，高い教育水準，そして何よりも常に前向きなテクノロジー系ベンチャーとしっかりした中小企業が日本には多数存在します。だから，国や若い世代のために今私たちに何ができるだろうかという自らへの問いかけと，果敢なベンチャーや中小企業へのM&Aが欠かせないと断言します。

4　これからの課題

　本章の最後にこれからの課題として，我田引水ながら筆者が開校以来17年間教鞭をとった国立大学法人小樽商科大学専門職大学院（OBSビジネススクール）を紹介します。本校は，ともに明治以来の官立商科高等教育機関として同じミッションを共有する一橋大，神戸大とともに，2004年，三校同時に夜間ビジネススクールを開校し，都心部サテライト教育を開始しました。そこで学ぶ学生の平均入学年齢は概ね30歳代後半であり，三井三菱といった旧財閥系大手企業のみならず，地元の金融機関・官庁・電力会社・病院医師看護師に加えて，地域で知られる中小企業経営者の息子や娘たちが学んでいます。

　そもそもアントレプレナーシップ（企業家精神）専攻である同ビジネススクールに学ぶ多くの学生が旺盛な企業家精神を共有しています。こうした学生の中には確かに近未来，次世代の経営者としての才覚を示す学生が毎年複数在学し，高い才能を成績で証明しておりました。

　特に，卒業時にGPAと呼ばれる平均成績評定で3.5以上（全優で4.0）

をマークした修了生は，全員が成績優等修了者として大学から評されており，成績証明書にも記載されています。働きながら毎週の講義の予習復習だけでも大変なのに，職場を気遣い，家族の理解を得て通学し，さらに成績優等修了（毎年35名中 2 〜 7 名程度）を取得するとは，あまりにも見事な努力と言わざるをえません。

事実として，このような実例が 1 校とは言え北海道・東北地域に存在し，首都圏であればさらに多くのビジネススクールが存在するわけですから，このようなタイプの人材と銀行がタッグを組みながら前進することが，新しい次世代経営者候補発掘の一案として考えられます。そのためには，地域の銀行とビジネススクールが，修了生をM＆A推進者候補として探索することも重要となります。

しかしながら，アタマでっかちのＭＢＡ修了者が，単純に10〜100名の従業員を抱える老舗中小企業のリーダーとして機能するという保証はどこにもありません。それが経営人材スカウトの本質的に難しい側面でもあります。

だからこそ，銀行に勤務するものが銀行在職中にビジネススクールに通い，次世代の経営者候補として自らの所属する銀行組織にアピールすることも大切ではないでしょうか。そうすれば，かつて高度経済成長期にみられた元銀行マンが中小企業の輝ける経営者へ，との道はより太くなるのではないかと期待されます。

他方，年金受給が開始され，現役からの引退を考える経営者にとって，このようなビジネススクールと銀行からのアプローチは決して非現実的なものではないと，元ビジネススクール教員として信じますし，これまで17年間にわたりそのような資質をもつ優れた社会人学生に多数出会ってきました。

明治維新が成功し，日露戦争に勝利したときのリーダーは，ほぼ全員

が幕末の貧しい下級サムライの出身でした。だが，激動する幕末から維新の過程でこれらのうち優秀なサムライは海外に留学し，しっかりした語学力を身につけて欧米列強と堂々と渡り合い，国際会議でも，戦争でも一歩も引かないリーダーとなりました。

　今，日本は先進国中でイタリアと並び最高速の少子高齢化社会に入っています。こうした国家的な非常時にあって，出自や業績に構わず能力の高いものに最高度のチャレンジをさせてみることが，国家的に要請されています。それこそが，本書で提示する「次世代経営候補者」なのだと考えます。

　幕末の欧州留学は，当時の為替レートと物価水準を考慮すると単純に一人１億円がかかったと推計されます。

　今，仮に後継者不在に苦しむ中小企業や農家へ一人２億円の持参金をＭ＆Ａとして融資するならば，１億円で現在の経営者に現金を手渡し，残りの１億円を担保として新たな投資が可能になります。もちろん，法人がすでに負う負債を引き継ぐことは避けられませんが，事業収益が年間2,500万円を計上できるのであれば，わずか８年で返済できる程度の負債にすぎません。

　こうしたミッションに耐え，シュンペーター教授が言うところの「経済を主戦場」とする企業者が，Ｍ＆Ａ資金を得ることで次世代の中小企業経営者ないし農業経営者（農学部出身は最低条件ですが）となって日本国内産業の新結合エンジンとなることを期待します。

　それでは，次の２章・３章でＭ＆Ａの実際についての説明を開始します。必要な項目についてはすべて詳細な目次を作成し，索引代わりに活用できるように構成されています。そして，最後の４章では，改めて国民経済におけるＭ＆Ａの意義を経済学の視点から説明して，本書を締めくくります。

▸▸▸ 第1章のまとめ

- 企業は社会の公器。経営者の個人判断で簡単に清算されてはならない。

- 産業全体のイノベーションは，国内大企業のM＆Aが盛んにならないと進まない。

- 親族で次世代後継者がいないというだけで，黒字清算される中小企業は国富の喪失。

- 次世代後継者は優れた企業の経営管理者から探す。具体的には，次世代経営候補者が中小企業をM＆Aする。

- 次世代経営候補者のM＆Aを資金面で支えることができるのが銀行。地域の銀行マンよ，企業家精神をもて！

Ｍ＆Ａの概要と問題解決

　第1章のM＆Aの必要性についての解説を受け，第2章ではM＆Aに必要な基礎知識について紹介していきます。とりわけ後継者不足を解決するために用いられるM＆Aの手法について，より大きな概念ともいえる事業承継の内容も踏まえつつ，また実際に著者が経験した事案も一部紹介しながら解説していきます。

　現在，中小企業の事業承継は親族内での承継を前提とする相続が最初に考えられており，M＆Aはそれが何らかの事情により実現できなかったための手法という位置づけがなされています。

　つまり，M＆Aは親族内承継が実現できなかった場合のプランBという位置づけなのです。本書においては，必ずしも親族内承継を優先して考えるべきというスタンスを採らないものの，現実的には親族内承継を望むケースが多いため，それら相続についての基礎知識と問題，さらにはケーススタディを通じてその解決についてみていくことにします。

1　相続についての概論

　親族内承継を前提とした場合，法的手続きの中で事業承継をする場面として考えられるのは相続です。本来，相続は事業承継における最終段階の手続きです。つまり，創業者が事前に事業承継の計画を行い，財産承継としての株式の移転を進め，経営承継としての経営権の移管を行うのが理想的な形といえるでしょう。

　しかし，著者の経験上，そのような計画的な事業承継を行う企業は少なく，いきなり最終段階である「相続」が発生することが多いのです。この場合の相続は財産としての同族株式の移転の手続きにすぎないのですが，大株主となった親族が一時的に会社の経営を引き継ぐことが多いです。事業承継型M＆Aを考えるうえで，突然，相続により事業承継す

るというのは，失敗する可能性が高いのも特徴です。

(1)　相続の手続きの流れと期限

> 民法　第882条　相続は，死亡によって開始する。

　相続はその人が亡くなった時から開始されます。まずは，相続の手続きの流れとその期限についてみていきます。

図表2－1　相続手続きの流れと期限

①相続開始（被相続人の死亡）	この日から相続が開始される。
②死亡届の提出（死亡から7日以内）	亡くなった人の本籍地や死亡地，届出人の住所地の市町村役場に死亡診断書など一定の書類とともに届け出る。
③遺言書の有無の確認	公正証書遺言・秘密証書遺言がある場合は，公証役場の検索システムで調査できる。自筆証書遺言・秘密証書遺言は，家庭裁判所で検認を受けることになる。
④相続財産・債務の調査	不動産・預金などの財産だけでなく，借金などの債務，保証債務についても調査をする必要がある。
⑤相続人の確認	戸籍や住民票を取り寄せて，相続人とその住所を調べる。
⑥相続放棄・限定承認（相続開始から3か月以内）	相続財産よりも債務のほうが多くなる場合は，相続放棄・限定承認も検討します。期限内に家庭裁判所に届け出る。
⑦所得税の申告と納付（相続開始から4か月以内）	個人事業者や年金受給者などの場合に必要です。通常申告期限の3月15日ではないので，注意が必要である。

⑧遺産分割協議	遺産の評価額を算定します。遺言書がない場合は，相続人全員で遺産の分配方法を決める。
⑨相続税の申告と納付（相続開始から10か月以内）	遺産が相続税の課税対象になる場合は，被相続人の最後の住所地の税務署に申告・納税する。
⑩不動産の相続登記	不動産所在地の法務局に申請する。

(2) 財産をもらえる人とその割合

　相続が発生したら，亡くなった人の財産を相続人が相続することになります。相続人の範囲や法定相続分は，民法で次のとおり定められています。

● 相続人の範囲

　死亡した人の配偶者は，常に相続人となります。配偶者以外の人は，次の順序で配偶者とともに相続人になります。

図表2－2　相続人の順位とその範囲

第1順位	死亡した人の子供　その子供がすでに死亡しているときは，その子供の直系卑属（子供や孫など）が相続人となります。
第2順位	死亡した人の直系尊属（父母や祖父母など）第2順位の人は，第1順位の人がいないとき相続人になります。
第3順位	死亡した人の兄弟姉妹　その兄弟姉妹がすでに死亡しているときは，その人の子供が相続人となります。第3順位の人は，第1順位の人も第2順位の人もいないとき相続人になります。なお，民法で相続人とされる人であっても相続を放棄した人は，初めから相続人でなかったものとされます。

● 法定相続分

　誰が相続人かがわかれば，次は遺産の分け方を決めることになります。
どのように分けるかは，相続人の話し合いにより決めることになります
が，一つの目安として法定相続分という考え方があります。この分け方
は民法が定めているものですが，この後に出てくる相続税の計算にも使
用されます。

　目安とはいえ，その存在はかなり重要なものだといえますが，相続財
産の中に被相続人が所有していた同族株式などがあると，この法定相続
の考え方はスムーズな事業承継を阻害する要因ともなりえるので注意が
必要です。法定相続分は次のとおりです。

図表 2 - 3　法定相続分

配偶者と子供が 相続人である場合	配偶者 2 分の 1 子供（2 人以上のときは全員で）2 分の 1
配偶者と直系尊属 が相続人である場合	配偶者 3 分の 2 直系尊属（2 人以上のときは全員で）3 分の 1
配偶者と兄弟姉妹 が相続人である場合	配偶者 4 分の 3 兄弟姉妹（2 人以上のときは全員で）4 分の 1

　実際の相続では，法定相続人以外の人に財産を贈る（これを遺贈とい
う）ケースや，法定相続分の割合にかかわらず分け方を決めるケースも
数多くあり，事業承継が関係してくるような場合では，そもそも均等に
分けることが難しいため，話し合いでその割合や引き継ぐ財産などを決
めるケースも多いです。

　事業承継が関係するケースでは，評価された同族株式の評価額が極端
に大きくなることが多いため，均等に分けることが難しいのです。もし，
株式も含めて均等に分けるとなると経営に関係のない親族に株式が移動

してしまうことになり，後に経営権をめぐる問題となることも想定されるため，遺産分割時の話し合いはとても重要なものとして位置づけられます。

　また，遺言があれば，原則としてはそれに従うことになりますが，必ずしも遺言どおりに分けなければならないわけでもなく，こちらも話し合いで決められることもあります。

(3)　遺言の取扱い

　相続が発生したときの手続きの流れの中でもあった遺言ですが，もし遺言があれば遺産分けは，原則としては，この遺言に指定されている分け方に従うことになります。特に事業承継を考える際には，遺産のうちの同族株式についての分け方がポイントとなるため，遺言を利用し財産分けをスムーズに行うことを考えることも必要だといえます。

　しかし，その遺言の内容について納得できない相続人がいた場合には特別の措置である"遺留分"というものが存在します。この遺留分は，その人が相続するはずだった法定相続分の2分の1と民法で定められております。遺言があった場合，その遺言の内容に相続人全員が従えばそのどおりの分け方になりますが，納得いかない場合は「遺留分減殺請求」をすることによって法定相続分の2分の1の相続を受けることはできることになるのです。

　実際の相続の場面では，この遺留分の存在が事業承継に大きく影響することがあります。すなわち相続人は基本的に平等という考え方によると，事業を継ぐ子とそうではない子にも遺産としての事業資産を引き継ぐ権利が生じることになるのです。**遺言が事業承継にとって有効といわれるのは，そこの部分の調整をあらかじめ遺言者が決めておくという点**といえるでしょう。

　また，遺言のやり方ですが，基本的に3種類あります。自分でその内容を書く「自筆証書遺言」。公証人という第三者に証明してもらう「公正証書遺言」。その内容を明かさず残す「秘密証書遺言」。それぞれ特徴があり，使い勝手は一長一短があるものの，**できれば公正証書遺言が望ましい**といわれています。

⑷　遺産分割協議

　相続の最終目標は遺産を分けることです。遺言を残している場合はその遺言の内容によって分けることになりますが，遺言が存在しない場合は相続人の間の話し合いで決めることになります。相続人の間の話し合いのことを遺産分割協議といい，その結論を書面にしたものが「遺産分割協議書」です。

　この遺産分割協議書ですが，相続人全員の同意が必要となるため，場合によっては合意に至らない事態もしばしば起こります。遺産分割協議は全員の同意が必要なので話がまとまらないこともありますが，反対に遺言があっても，分割協議で全員が違う分割の方法で同意した場合は，その同意した内容での分割ができます。

　分割協議には，特に期限の指定があるわけではないのですが，実務的には相続税の申告期限である相続開始の日から10か月以内に作成されるケースが多いです。理由は，相続税の申告期限内に分割すると，様々な税務上の特典が準備されているため，相続人はそれが動機となって期限内に分割協議をまとめるケースが多いのです。

　事業承継の場面では，この遺産分割協議が最も困難を伴うものだといえます。**特に親が行っていた事業を継承する子と承継しない子がいる場合には，協議が難航するケースが目立ちます。**法定相続分がいわゆる均等ということを前提にしているため，事業承継により同族株式が存在す

る場合はその分け方には細心の注意が求められるのです。

(5)　事業承継と相続

　事業承継を考えるうえで相続というイベントは大きな存在となりますが，親族内で承継する場合では同族株式を誰が相続するのか，すなわち誰が事業を承継するのかという課題と相続税負担の問題が生じます。

　また，親族外承継では，相続する人と経営する人が異なるため，問題はさらに複雑になります。ここでは親族内相続と親族外相続のそれぞれについて問題点と解決策を見ていくこととします。

● 親族内承継

　親族内承継の場合に最も課題となるのが，「誰に同族株式を相続させるか」ということです。常識的に考えて，会社を引き継ぐ親族に相続させることになりますが，問題となるのは承継しない親族との相続財産額のバランスです。同族株式は優良企業であればあるほどその評価額が大きくなる傾向があります。

　中小企業の経営者が日常業務を遂行する中で，自社の株式の評価額を気にする人は少ないのが事実です。しかし，気が付いたら数千万円から数億円の評価額になっているということもしばしばみられます。

　特に業歴の長い会社は，爆発的な収益力がなくても長い時間経営を継続してきた結果，株価が経営者の想像を超えたものになっていることがあるのです。しかし，評価額が高い同族株式であっても，それを現金化することは難しいのが現実です。

　そもそも親族内承継をすると決めていたのであれば，同族株式を売却すること自体を想定していないはずです。そうなると，事業を承継する親族に評価額の大きな同族株式が相続されることになり，ほかの相続人に相続する財産額との差が大きくなってしまいます。ほかの相続人が

「**同族株式は簡単に売却できない**」という性質のものであるということ
を正確に理解して遺産分割に同意してくれればよいのですが，事業承継
する兄弟姉妹と自分が相続する財産額と金額があまりに違う場合，その
表示された金額だけで損得の判断をしてしまい，その分割案に納得でき
ないという人が出てくることがしばしばあります。

　さらに，そこに相続税の支払いの問題も関係するため，問題はさらに
複雑になります。相続税の納税は原則，現金で行わなければならないた
め，換金性の低い同族株式を相続した相続人（かつ事業承継者）は相続
税の納税についても考えなければならないことになるのです。事業承継
者がお金に苦労するという構造は，後継者不足の問題をさらに深刻化す
る要因の一つとも言えるでしょう。

　これら親族内承継の問題を解決する方法として効果的なのが，遺言を
利用した計画的な相続による事業承継だといわれています。親族内での
事業承継をすると決めているのであれば，経営権の引継ぎの時期などを
計画的に進めることができるはずです。その事業承継計画の中に，同族
株式の引継ぎについての計画も入れておくことで，突然訪れた相続によ
る混乱を回避することができると考えられています。

　● 親族外承継

　親族外承継については，相続が起きてしまった時点で考えるのは時期
が遅すぎといわざるを得ません。親族外承継を考えているのであれば，
相続が起きる前にある程度の対策を講じておく必要があります。**相続が
起きる前の対策は株式譲渡など事業承継型M＆Aを利用して実施する**こ
とになりますが，ここではそれらの対策ができなかった場合を考えてみ
ます。

　事業承継対策が相続までにできなかった場合でも，同族株式の相続の
問題は発生します。遺言がない場合，法定相続人の誰かがその同族株式

を引き継がなければならないことになるのです。

　この時，誰が引き継ぐかはケースバイケースですが，事業承継を前提としない場合には，その同族株式を処分（売却）するか，引き継いだ会社を整理できる人が相続すべきとされています。

　この同族株式の処分や引き継いだ会社の整理は，物理的にも心理的にも想像以上に大変な作業であることは事実です。著者が経験した事業承継を含む相続では，いったん，配偶者が引き継ぐケースが大半を占めていました。理由は相続税の配偶者控除の存在があります。相続税の配偶者控除とは，遺産分割や遺贈により実際に取得した正味の遺産額が，次の金額のどちらか多い金額までは配偶者に相続税はかからないという制度です。

- 1億6,000万円
- 配偶者の法定相続分相当額

　この配偶者控除は，比較的大きな金額が控除となるため，売却できるかどうかその時点で不明な同族株式の相続の行先は配偶者になることが多いのです。

　しかし，その売却や引継ぎには様々な困難が予想されます。事業をいったん引き継いだ配偶者が会社内やほかの会社に売却を目指すというケースもありますが，そもそも会社の事業自体は継続しているのでそのオペレーションを遂行するだけでも難しく，その先の同族株式の売却までとなるとほぼ不可能に近いのが現実です。

　会社のトップ営業マンであり，総務部長，人事部長の職務をこなしていたであろう前経営者がいない中で売却を含めた引継ぎを行うのは大変難しいのは想像に難くないでしょう。

　このような事態が想定されるので，**親族外承継を考えているのであれ**

ば，相続前しかもかなりの時間的な余裕を持ったうえでの対策が必要なのは明白です。具体的には事業承継型Ｍ＆Ａということも考えられるでしょう。

相続が発生してから親族外承継を選択するのは，極力避けたほうがよいというのは理解していただけると思いますが，不幸にもそういう状況になってしまった場合にはどのような方法が考えられるのでしょうか？

まれなケースですが，株主は親族，経営者は親族外という所有と経営を分離して会社経営を継続するという形態も考えられます。具体的なケースは下記 ケーススタディ 1 に示します。ポイントとしては会社経営に関してしっかりとしたルール作りとその運用をしっかり行うことです。

ケーススタディ 1　株価が大きい状況で突然代表者が死亡した場合の事業承継

ソフトウエア業のＮ社は代表者が一代で築いた会社です（著者が担当している顧問先企業でもあります）。従業員は10名，年商は４億円，利益は1,000万円内外を継続して計上しており，中小企業としては優良企業でした。創業から25年経過したある日，代表者が突然亡くなりました。

同社は現場を取り仕切る番頭格のＳ氏（非同族関係人）と，同じく財務関係を担当するＭ氏（非同族関係人）の２人を中心に現場の業務は遂行されていました。突然の代表者死亡により一番困ったのは，家族と会社の従業員たちでした。また，会社の株式も過去からの会社の利益を多額に留保していたため，１株数万円で100％持分を持っていた代表者の持分評価額は相続税評価額で8,000万円程度でした。

現場の業務自体は代表者不在でもなんとか遂行することはできますが，将来的に会社をどう運営し継続していくかが問題でした。突然の事業承継ということなのでひとまず株式の異動は棚上げにし，新代表を番

頭格のＳ氏にすることにし取締役会でこれを決定し日常業務の遂行を優先して行っていきました。

　次に同族株式ですが，亡くなった前代表者の配偶者Ａに全株を相続させるとともに，配偶者には同社の取締役に就任してもらうこととしました。これは現場の業務遂行を監視する役割を前代表の配偶者に担ってもらうことと同時に会社の内容を理解してもらうための措置でした。

　代表者が変わったことにより，マネジメントのやり方も変化しました。毎月の取締役会を開催することとしたのです。取締役である前代表者の配偶者Ａも取締役会メンバーであり，日常の業務には関わらないものの取締役として毎月の業務報告を取締役会で受けるような体制に移行したのです。

　新代表取締役Ｓ氏は財務担当の取締役Ｍ氏とともに会社の切り盛りを行っており，毎月の役員会でその報告をオーナーでもある取締役Ａに対し報告，承認を得ながら業務遂行をしています。今後の同族株式の異動については，これから議論を進めていく予定ですが，現在までのところ同社のマネジメントの成果としは前代表が健在であった時と変わらない業績を残しています。

　このケースは，中小企業でもオーナー社長ではない形態でマネジメントできる体制を整備すれば，事業承継は可能であることを示す一例だといえます。この株式会社の運営の原則ともいえる**「所有と経営の分離」**をスムーズに実施するためには，中小企業であっても経営者の"所有物"と考えるのではなく，"事業"を中心に考える必要があるのです。すなわち，**事業をいかに継続させるのかを一番に考えることで**，今ある会社組織を存続させることができるのです。

　中小企業においては，所有と経営が分離していないため，どうしても会社を個人の所有物という感覚を持ってしまいがちです。しかし，会社

経営は経営者が適切な経営をすることによって継続するものであって，株式を持っている人が自動的にその果実を得ることができるものではないということを自覚しなければなりません。

　もちろんN社のケースもその後の株式の異動については中長期的な視点でその解決方法を考えていかなければなりません。このケースにあるように，まずは事業継続を優先して考えるべきなのです。

2　自社株の株価算定

　事業承継の形態は様々あるものの，株式の異動という取引を伴う場合に問題となるのが株価の算定方法です。

　株式の譲渡金額は，**ＤＣＦ法，純資産価額法，類似業種比準法，配当還元法**などの評価方法を参考にして売り手と買い手の双方が合意する金額で決定されることになります。

　株式譲渡の際，その株価をいくらにするのかという問題は，売り手買い手双方ともに最も関心が高いところです。その株式が上場株式であり取引市場において株価が付されていれば，その市場においての株価が時価ということになり評価は簡単です。市場に流通している株式は，第三者である市場に参加する人が株価を決定しています。

　しかし，本書の対象とする事業承継型M＆Aでは，対象となるのは中小企業なので株価が市場で決められているわけではありません。それら未公開株の売買に登場する売り手と買い手は限られた人であり，過去における売買実績などほとんどありません。そのような場合，株式を譲渡する際には，その単価を当事者間で決めなければならないことになりますが，簡単に金額を算定することはできません。

　具体的には，上述したいずれかの方法または複数の方法を勘案したも

ので株価が決定されることになりますが，売り手買い手それぞれの事情も加味され一律に価格を算出できるものではありません。また，評価額を出したからといってその金額が，そのまま売買金額となることもありません。実際の売買の場面では，株価を評価することによって譲渡価額の目安を定め，そこから交渉により最終的な譲渡価額を決定するということになるのが一般的です。

　ところで，株式の評価額は，売買に使用するほか，相続や贈与など課税の場面などで使用されます。相続や贈与などの課税の場面で使用する株価は，実際に売買される金額と異なりますが，売買金額を決める際に参考金額とされることもあります。具体的には，相続，贈与では純資産価額法と類似業種比準法，およびその併用が認められています。また，その評価を実施するのは，実務的には公認会計士・税理士やそのほかＭ＆Ａの専門家ということになります。以下では，具体的な株式の評価方法について見ています。

⑴　ディスカウント・キャッシュ・フロー法（ＤＣＦ法）

$$\text{1株当たりの評価額} = \text{将来のフリー・キャッシュフローの割引現在価値の金額} \div \text{発行済株式総数}$$

　ＤＣＦ法とは，企業の将来生み出す予定のフリー・キャッシュフローを割引率で現在価値に計算しなおし，その金額がその企業価値であるという考え方による評価方法です。

　フリー・キャッシュフローの計算方法には諸説ありますが，最も一般的なものは，「フリー・キャッシュフロー＝営業キャッシュフロー＋投資キャッシュフロー」です。通常，投資キャッシュフローはマイナスとなりますので，営業活動に伴って生み出したキャッシュから投資に使っ

たキャッシュを差し引いた，会社が自由に使えるキャッシュを意味するものとされています。

　将来のフリー・キャッシュフローの予測は，当該会社の中期経営計画に基づく損益計算書を作成したうえで，それを加工してフリー・キャッシュフローの金額を計算します。一般的に会社の中期経営計画は，経営環境が予測可能な3〜5年の期間で作成されますが，正確な企業価値を算出するためには，その中期経営計画はある程度精緻なものでなければなりません。

　ＤＣＦ法では，当該企業の中期経営計画の内容次第で，最終的な株価にも大きな影響を与えるため，恣意性を極力排除する必要があります。企業が生み出す将来のキャッシュがその企業の価値という考え方は，現代の経営では重要な視点であるため，株式譲渡の場面でもこの評価方法を使うケースが多くなっています。

(2)　純資産価額法

1株当たりの評価額　＝　時価純資産評価額　÷　発行済株式総数

　純資産価額法とは，対象となる会社の貸借対照表に注目した評価方法です。一般的に，この方式は，Ｍ＆Ａの際の評価方法というよりも相続や贈与の課税の際の評価方法として使用されます。

　前述のＤＣＦ法は企業のフロー面に着目した評価方法であるのに対して，この純資産価額法は企業のストック面に着目した評価方法とされています。貸借対照表は，決算日時点での企業が持っている資産と負債を一覧に表示したものです。この貸借対照表に計上されている資産・負債は取得した時点の価額で表示されていることが多いです。

　これは中小企業においてはいわゆる会計基準に基づいた財務諸表というより税務基準で作成されていることが多く，税法基準で採用されている取得原価主義で貸借対照表を作成している会社が多いためです。実務的には，それら資産や負債を時価に近い金額で評価し直し，その金額で貸借対照表を作成します。

　その貸借対照表を実態バランスシートとも呼びますが，その実態バランスシートの資産の部合計と負債の部合計の差額，つまり純資産の部合計がその会社の価値であるという評価方法です。

(3)　類似業種比準法

$$\text{類似業種比準価額方式による1株当たり株価} = A \times \left[\frac{\dfrac{\text{Ⓑ}}{B} + \dfrac{\text{Ⓒ}}{C} + \dfrac{\text{Ⓓ}}{D}}{3} \right] \times 0.7$$

A：類似業種の株価

B：課税時期の属する年の類似業種の1株当たりの配当金額

C：課税時期の属する年の類似業種の1株当たりの年利益金額

D：課税時期の属する年の類似業種の1株当たりの純資産価額（帳簿価額により計算）

Ⓑ：評価会社の1株当たりの配当金額（特別配当，記念配当除く）

Ⓒ：評価会社の1株当たりの利益金額（益金不算入となる受取配当金，繰越欠損金控除については加算）

Ⓓ：評価会社の1株当たりの純資産価額（帳簿価額により計算）

　対象となる企業と同じ業種の企業の株価を参考にして，その企業の価値を計算する方法です。この計算方法は，財産評価基本通達に規定されており，その計算式が示されているため計算は比較的容易にできます。

ただし，この評価方法は，主に相続税や贈与税の課税のための計算方法であるため，評価の参考値とすることはあっても，この数値をそのままM＆Aの場面で使用するケースは少ないです。

(4) 配当還元法

$$\textbf{1 株当たり評価額 ＝ 配当金 ÷ 資本還元率}$$

配当還元法は，その企業の配当の金額により企業を評価する方法をいいます。ただし，何らかの事情により配当を差し控えているケースなど企業個別の事情もあるため，この数値をそのまま評価の金額とすることはありません。あくまで，参考値という位置づけです。

(5) 中小企業のM＆Aで使用されている算出方法

M＆Aの株式評価で最も合理的とされる評価方法は，将来その会社が事業活動の中からいくら稼ぎだすことができるかどうかを見積もり，そこで算定された将来キャッシュフローを現在価値に割引計算するDCF法です。

しかし，中小企業のM＆Aでは，そもそも中長期計画を正確に策定している会社は少ないため，将来のキャッシュフローを正確に見積もることは非常に困難です。そのため単独でDCF法を中小企業の現実のM＆Aの現場で採用されているケースは少ないです。

中小企業のM＆Aの株価算定においては，見積もりではなく実際に作成されている資料を基に算出できる純資産価額法を利用するケースが多いです。しかし，この純資産価額法は対象となる会社の現在の価値を算出した金額にすぎません。

純資産価額法で計算している金額を言い換えると，対象となる会社が現実に保有している資産を売却処分し，その売却代金から負債を支払ったのちに残った差額をその会社の価値としているにすぎないのです。

しかし，M＆Aではその会社の資産をそのまま使用して経営を継続していくことを前提としているため，現在の純資産価額だけの価値のみで評価するのは適当とはいえません。

そのためM＆Aの現場では純資産価額にのれん代を加算した金額で算出することになります。のれん代は超過収益力ともいわれ，財務諸表上に記載された金額を超えるその会社の利益を稼ぎ出す力を示した数字といわれます。

現実的にはその会社の営業利益（または経常利益）の数年分という決め方をするケースが多いです。このれん代は株式評価額の算出の調整という性格もあり，売り手と買い手の交渉の中で決められます。イメージとしては，純資産評価額をベースとして，そこからどのくらい金額を増加させるかで決められているのです。

3　M＆Aのシナジー効果

M＆Aを実施する理由は何でしょうか？

その理由の大きなものとして挙げられるのがシナジー効果といわれるものです。自社だけで事業を行っていてもその成長の速度は限られます。

例えばM＆Aの代表的な手法の合併を考えてみると，それぞれの会社で事業を行っていたよりも合併して大きな事業体で事業を行ったほうが売上高をはじめとする様々な要素で，大きな成長が見込まれるということです。

簡単に言うと，1＋1＝2ではなく，1＋1＝3以上になるような状

態です。M&Aによるシナジー効果はいくつかあります。その主なもの
を見ていきます。

(1) 売上シナジー

　二つ以上の企業や事業がM&Aによって協力関係を築いたり，互いの
顧客やノウハウを共有したりすることで個々の企業が従来計上していた
売上高を加算した金額よりもさらに金額が大きくなる効果を，売上シナ
ジーといいます。

　売上シナジーはM&Aの効果の中でも最も会社が期待しているシナ
ジー効果だといえます。しかし，単に合併などのM&Aをしただけでは
この売上シナジーを実現することはできません。それぞれが現在保有し
ている商品・サービスについて，分析をすることにより，どの部分でシ
ナジー効果があると考えられるか事前に計画し，戦略を実行しなければ
実現することはできません。

　その分析の代表的な手法としてSWOT分析があげられます。この分
析手法は，会社内部と商・サービスの力と会社外部を取り巻く市場環
境をそれぞれ「強み」（Strengths），「弱み」（Weaknesses），「機会」
（Opportunities），「脅威」（Threats）に分けて分析をし，事業環境変化
に対応した経営資源の最適活用を図る経営戦略策定方法です。

図表2−4　ＳＷＯＴ分析

自社 内部環境	強 み（Strengths）	弱み（Weaknesses）
	自社が，他社よりも 優れているところは？	自社が，他社よりも 劣っているところは？
市場 外部環境	機 会（Opportunities）	脅 威（Threats）
	自社にとって 有利な 市場の変化は何か？	自社にとって 不利な 市場の変化は何か？

(2)　研究開発シナジー

　研究開発を行っている企業同士が合併などで一つの企業となった場合，それぞれの企業が得意だった研究分野を補完的に融合させることによって期待される効果を，研究開発シナジーといいます。

　このシナジー効果は研究開発を行っている企業に限られるため，その範囲は限定的なものです。特に中小企業において研究開発を行っている企業の数は限られるため，あまり見ることはありません。大企業においては，このシナジー効果を期待してM&Aを実施する企業は少なくありません。

(3)　コストシナジー

　コストシナジーとは，二つ以上の企業がM&Aによって一つになることでスケールメリットを享受することができることをいいます。具体的には，生産や物流などのコスト削減や企業を管理するためのコスト削減も期待できる効果をいいます。

コストシナジーは規模の大小を問わずその効果が期待できるものとされています。規模が大きくても小さくても一定の管理機能に関する費用はかかるので，コストを削減する余地はあります。

実際にコストシナジーを実現するためには，合併の場合であれば社内管理の共通化などを実施しなければなりません。共通化を実施することでコストシナジーを実現することが可能となります。

(4) 財務シナジー

財務シナジーとは，M&Aにより事業規模が大きくなり，それによって資金調達力が増す効果のことをいいます。

財務シナジーが強調される場面として，救済的な合併などがあります。すなわち，財務体質が悪化している企業を救済するため，財務体質が優良な企業と合併するというケースです。本書のテーマとする事業承継型M&Aにおいても，そういった救済的な合併も考えられます。

(5) 中小企業の事業承継型M&Aでのシナジー効果

上記4つの点で何を期待するかは，M&Aを行う前の計画段階である程度の予定を立てておくのが一般的です。一定のシナジー効果が期待されたうえで行うM&Aは，その後の事業遂行もスムーズにいく可能性が高くなります。

しかし，本書のテーマである中小企業の事業承継を前提としたM&Aについては，大企業が行うシナジー効果を前提としたものとは根本的に異なるともいえます。大企業がM&Aを行う理由は，上記のシナジー効果を期待して実施されるものです。

しかし，中小企業ではシナジー効果を前提に合併などを計画すると，その計画段階において，そもそもM&Aが実施しないほうがよいという

結論に達してしまうことが想定されます。例えば，財務シナジーについては，中小企業の場合は逆シナジー効果が出てしまうことのほうが多いです。

　具体的な例を使って説明しましょう。合併をした2社がそれぞれある同一の金融機関からの借入れがあるような場合，合併してできた新会社への融資限度額は，よくてこれまでそれぞれの会社が借りていた金額の合計額です。

　多くのケースでは，従来借りていた1社分の信用枠しか取れなくなり，合併後にその金融機関から資金調達ができないことも考えられるのです。合併前に主要な取引金融機関に相談しながら話を進める理由は，この信用枠についての確認が主な目的といってもよいのです。また，売上シナジーについても，合併直後に1＋1が3になることは少ないと言わざるを得ません。

　では，中小企業の事業承継型M&Aではシナジー効果が期待できないのでしょうか？　実は，そんなこともありません。売上シナジーもコストシナジーも事前の計画段階で見込めることはあります。

　しかし，中小企業の事業承継型M&Aでシナジー効果より優先して考えるべきは，「事業の継続」なのです。事業の継続こそが第一の目的なのであり，シナジー効果を付随的に期待するものとして考えるべきなのです。

　これらシナジー効果は，大企業のそれとは異なり短期的な視点ではなく長期的な視点で考えるべきです。ここからはケーススタディを見ながら解説していきます。

ケーススタディ 2　同業者同士の持株会社設立後の合併による事業承継

　包装資材の卸売・小売業を営むＡ社は，同業であるがターゲットとする得意先が異なるＳ社と以前から取引関係にありました。両社は同業者ではあるが，得意とする分野が異なるので，お互いの得意分野の商品やサービスを供給しあう取引関係でもありました。

　また，両社ともに経営者はそれぞれ二代目に移行しつつある時期でした。売上高と利益率については，Ａ社は単価の低い商品を大量に売るスタイルで売上高は大きく利益率は低く，Ｓ社は利益率の良い商材を販売しているため売上高は低いが利益率は高いという対照的な特徴があります。

　数年前，両社の経営者がお互いの商品力を生かすためにまずは持株会社を設立し関係を深めようという話になりました。持株会社は株式交換の手法を使い，税務的には適格交換の特例を適用し税負担を最小限にとどめました。

　この持株会社の設立によるシナジー効果ですが，ある程度の売上シナジーは見込めたものの劇的なシナジーというわけにはいきませんでした。

　また，コストシナジーもこの時点ではあまり期待できず，ホールディングカンパニーの下にそれぞれ子会社として従来のＳ社，Ａ社がぶら下がっている状態でした。

　このような状態が数年続いたのち，ホールディングカンパニーの子会社であるＳ社，Ａ社は合併に踏み切りホールディングカンパニーの下に事業会社であるＳＡ社としてスタートさせました。

　株式交換から合併までの間の時間は，企業文化や人事制度，請求や仕入れなど全く異なる２社のすり合わせる時間を作るためのもので，その間にあらゆる事業活動について２社の調整を行っていたようです。

　M&Aの経緯を見ていくと，この合併についてはシナジー効果を期待するというよりも，将来的な両社の行く末を見越したものということが理解できると思います。また，この段階でS社の経営者にはその後に事業を承継する親族が存在しなかったという理由も存在していたようです。

　M&Aは劇的に会社が合併するというイメージがありますが，事業承継型M&Aはある程度時間をかけて行うほうが成功確率は大きくなります。SA社の場合，当初のシナジー効果はほとんどなかったものの，時間をかけて両社が合併したため企業文化の違いなどもある程度すり合わせることができ，実際に合併した時点での現場の混乱はほとんどなかったのです。

　また時間はかかったものの，合併して事業所も同じ場所になったことでコストシナジーが実現しました。合併したことで人員の削減による効果も期待できましたが，SA社は早急な措置は取りませんでした。人員削減については，採用を抑え自然減による削減をすることにより実現したのです。つまり，ここでも時間をかけて行っています。

　さらに財務シナジーについては，先述した懸念が生じ，同一金融機関からの融資枠については合併時には少し苦労をしています。つまり，2社が1社になったからと言って，信用枠がすぐに2倍になるわけではなかったのです。こちらも実績を積み時間をかけ徐々に増やしていったという経緯があります。

　M&Aのメリットでよく語られているようなお金で時間を買うということは，この ケーススタディ 2 では想定されていません。このSA社のような事業承継型M&Aでは，シナジー効果を最初から追及するということではなく，あくまでそれぞれの会社の事業継続を追及した結果だといえます。

　また，どちらかの会社や経営者が得をしたわけでもありません。特に
Ｍ＆Ａの手法は株主交換だったため，現金の動きはせいぜい端株の精算
に使われた程度で，そのほかの取引には現金が媒介することはありませ
んでした。事業承継型Ｍ＆Ａを考えるうえで興味深い一例といえるで
しょう。

4　財務の諸問題

(1)　会計基準と簿外資産・債務の問題

　事業承継型Ｍ＆Ａだけではなく，Ｍ＆Ａ全般で大きく影響するのが財
務に関する様々な問題です。会社を引き継ぐ方法としては，大きく，株
式の譲渡，事業の譲渡，合併に分かれますが，事業の譲渡を除き財務の
問題はＭ＆Ａを成功させるうえで重要な位置を占めます。それら財務の
諸問題についてですが，通常の事業活動をしているときは，会社の収益
性などの期間損益などを見る損益計算書が重要視されます。

　しかし，会社のＭ＆Ａを考えるうえで，または債権・債務の状況を把
握するうえで最も重要な財務諸表といえるのは貸借対照表です。貸借対
照表には，決算日時点での資産・負債の状況が一覧で表示されています。

　基本的に，すべての債権・債務について，貸借対照表で確認すること
ができます。貸借対照表は，その会社の現在の財産状況を把握するため
には欠かせないものなのです。

　ただし，債権・債務については，財務処理の方法により債権・債務の
金額が異なることがあります。これは，会計基準の違いにより認識が異
なるということがその原因です。

　特に中小企業などでよく見られるケースとしては，財務諸表自体が法
人税法などによる税法基準により作成されており，一般に公正妥当と認

められる会計基準で作成した場合と異なる財務諸表になっているということがあります。中小企業においては，通常の決算書は外部報告というよりも，税務申告のための資料という性格が色濃いため，財務諸表は基本的に税法基準で作成されているのがほとんどです。

これに対して企業会計原則に代表される会計基準では，主に会社の利害関係者に報告することを目的としているため，その計上基準が大きく異なっています。

これら税法基準と会計基準の違いで，債権・債務の金額に大きく影響を与える例としては，売掛金などの債権の認識についての違いがあります。売掛金の発生についての認識自体に違いはほとんどありませんが，それが正常債権かどうかの判断については，両者にはかなりの違いがあります。

税法基準では様々な貸倒れの判定基準が規定されていますが，基本的にはその回収が法的な手続きなどによって不可能となることが確実になった時点でなければ貸し倒れを認めず，売掛債権として貸借対照表上に残ることになります。

これに対して，会計基準では回収可能性を会社が客観的な視点から判断し，それに基づいて貸倒れを認識することになります。会計基準で貸倒れを認識すると貸借対照表上から売掛債権がなくなることになり，会社の資産の金額が減少することになるのです。

つまり，税法基準では債権が残っているのに会計基準では債権はなくなってしまうという結果になります。この場合，税法基準で作成していた財務諸表では，会社の価値は必要以上に大きくなっています。

買収など再編手続きに入ると，税法基準の決算書から会計基準の決算書への組み換えが求められることが多いです。組み替えた結果，自社の価値が予想していた以下の金額でしかないということもよくあることで

す。

　M＆Aの際に，最も問題になるのは貸借対照表には表示されていない資産・負債の存在です。いわゆる簿外資産，簿外債務が存在していると，貸借対照表に表示されている情報だけではその企業の実態を把握することができなくなります。

　特に，簿外債務は買収・合併などのケースでは，交渉を阻害する最も大きな存在となる可能性があるので，事前の整理が必要になります。簿外債務が存在することで，企業価値が大幅に低く見積もられる可能性もあります。

　簿外債務が存在しているということは，過去の粉飾決算の可能性が考えられるため，どこかの時点で修正することが求められます。（再編時まで）そのままにしておくとそれら簿外債権・簿外債務を認識した「修正貸借対照表」が作成されることになります。

　上記の基準の違いにより，債権・債務の金額が異なることはよくあるケースですが，そもそも存在していない債権・債務を意図的に計上している粉飾などをしているケースは要注意です。再編の交渉を進めるうえで，これらの架空債権・債務についてはあらかじめ明らかにしておく必要があります。

　例えば，合併や分割など，会社の債権・債務をそのまま引き継ぐような再編行為の場合は，その架空の債権・債務が引き継いだ法人の財務諸表にも影響を及ぼす可能性があるため，事前にそれらの情報を開示する必要があります。

　次にM＆Aの種類ごとに特徴的な財務の問題を見ていきます。

(2)　株式譲渡時の財務の問題

　株式の売買によって会社の所有者を変更する事業承継型M＆Aでは，

本章２の自社株の評価の場面で財務の問題が顕在化します。具体的には自社株の評価の基礎資料として，その会社の収益性を見るための損益計算書と，その会社の財務状況を見るための貸借対照表が求められますが，これら財務諸表は正確に作成されていることも求められるのです。

特に会社のその時点の財政状態を示す貸借対照表は中小企業が採用している税務基準ではなく，いわゆる会計基準での作成が求められます。

株式の譲渡に際しては，株価の算定をする前に財務デューデリジェンスが実施されることがあります。一般的なＭ＆Ａでは必ず行われる手続きですが，中小企業の場合は費用と時間を考え簡便的な手続きで行われることもあり，場合によってはそれらの手続きが省略されるケースもあります。

しかし，中小企業の事業承継Ｍ＆Ａであっても，財務デューデリジェンスによって作成される実態貸借対照表は，その会社の実態純資産の金額を算出することでもあり，手続きとしては重要なので費用と時間がかかったとしても極力実施することが望ましいです。

財務デューデリジェンスの主なチェック項目は，次の**図表２−５**のとおりですが，その多くが貸借対照表の勘定科目に関するものです。

図表２−５　財務デューデリジェンスの主なチェック項目

現預金	表示されている現預金が存在しているか（残高証明等により確認しているか）
売掛金	債権が法的に消滅した場合または回収不能な債権がある場合，それらについて貸倒損失が計上され債権金額から控除されているか
棚卸資産	棚卸資産の期末における時価が帳簿価額より下落し，かつ，金額的重要性がある場合には，時価をもって貸借対照表価額とされているか

有価証券	売買目的のものは時価で評価されているか，著しく低価しているものはないか
経過勘定（前払金・前払費用・前受金等）	前払費月と前払金，前受収益と前受金，未払費月と未払金，未収収益と未収金は，それぞれ区別され，適正に処理されているか
経過勘定（立替金・仮払金・仮受金等）	立替金，仮払金，仮受金等の項目のうち，金額の重要なものまたは当期の費目または収益とすべきものがある場合，適正に処理されているか
貸付金	回収可能性はあるのか，利息は適切に計上されているか
固定資産	固定資産は現に存在しているか，減価償却は経営状況などにより任意に行うことなく，継続して規則的な償却が行われているか
金銭債務（買掛金・未払金・未払費用等）	金銭債務は網羅的に計上され，債務額が付されているか
借入金	網羅的に計上され約定通り返済されているか
貸倒引当金	債務者の資産状況，支払能力等からみて回収不能のおそれのある債権については，その回収不能見込額を貸倒引当金として計上しているか
賞与引当金	賞与引当金については，翌期に従業員に対して支給する賞与の見積額のうち，当期の負担に属する部分の金額を計上しているか
退職給付引当金	退職給付引当金については，退職金規程や退職金等の支払いに関する合意があり，退職一時金制度を採用している場合において，当期末における退職給付に係る自己都合要支給額を基に計上しているか
税金費用・税金債務	法人税，住民税および事業税は，発生基進により損益計算書に計上され，決算日後に納付すべき税金債務は，流動負債に計上されているか，納付は期限内になされているか
関係者間取引	関係者間取引については適正に処理されているか，関係者間の債権債務については弁済，回収が適切に行われているか

　　主なチェック項目としては，いわゆる簿外に負債がないか，会計基準に則り計上されているかが問われています。

　　会計基準での計上については，特に引当金の計上が税務基準とは異なるのでその部分は修正されるケースが多いです。引当金の中でも退職給付引当金は税務基準では損金（税金の計算上控除が認められる項目）とならないため，貸借対照表上も計上されていないケースが多くみられます。

　　しかし，退職金規程などで制度として整備されている会社であれば，退職金を支給する義務は存在するため，退職給付引当金はその時点の引当金として認識しておかなければ，引き継ぐ側の立場からいうと隠れた債務になってしまいます。しかも退職給付引当金については，その金額が多額になることも多いので注意が必要です。

　　これら修正項目を加味した結果，株価の計算が行われることになるのです。

(3)　合併時の財務の問題

　　株式譲渡時だけでなく，合併の際にも財務上の問題は出てきます。合併の場合の財務の問題は，基本的に株式の譲渡と同様に貸借対照表を中心に考えます。株価を算出するためのものというより，合併比率の算出のために使うことになります。

　　株式の譲渡では売り手と買い手があり，株式の売り手は最終的に株式を手放し経営から離れることになります。合併の場合は最終的に経営を離れますが，合併された被合併法人の役員もしばらくの間は合併会社の役員として引き続き経営を担うことになるので，最終的な株式を譲り渡す手続きは時間的には将来になるのです。

　　とはいえ二つの会社が一つになることから，財務上の資産・負債状況

はしっかりと把握しておく必要があります。財務デューデリジェンスについては，外部の専門家を利用することもありますが，被合併法人の役員が新会社の役員になるような合併の場合，双方の会社の財務担当が双方の財務状況をチェックするというケースもあります。

その際のポイントは合併後に問題となるような債権債務がないかどうかを見極めることです。

(4)　事業承継M＆A特有の財務上の問題

事業承継において，財務上の問題点はどのようなものがあるのでしょうか。ここでは親族外承継と親族内承継と分けてみていきます。

①　親族外承継

親族外承継の場合は基本的に株式譲渡や合併時と同様の問題が生じます。

ただし親族外承継の場合には，問題が生じるタイミングが株式譲渡や合併とは異なります。親族外承継ではいきなり株式を譲渡したり，合併をしたりするケースもありますが，時間をかけて承継することもあります。時間をかけて承継する場合は，まずは経営の承継をすすめ，その後に株式の承継を行うという2段階で承継を進めるため，株式の異動は時間的に後回しとなるのです。

もちろん，事業承継をすることを決める際にも財務の問題についてはある程度話し合いはもたれるものの，その時点の優先順位は経営権を後継者にいかにスムーズに移すのかが第一なので，資産承継である株式の異動は後継者が経営者になった後ということになります。

特に会社内での承継の場合はその傾向が強くなります。親族外承継といえども社内の後継者が引き継ぐ場合には，引き継ぐ会社の財務内容はある程度把握していることが多いため，株式譲渡や合併を実行する場合

とは異なり，財務の問題がM＆Aを行ううえでの大きな問題にはならないことが多いでしょう。

　しかし，そのような場合でも資産承継である株式の異動時には，財務的な観点からも考えていかなければなりません。親族外承継者に株式をいくらで売却するか，という点については貸借対照表上の純資産額をベースに考えるケースが多いため大変重要だといえます。

②　親族内承継

　親族内承継では①親族外承継よりも財務の問題は大きなものにはなりません。理由は財務の問題は，株価を決める際に影響力が大きいのであって，親族内では株価はできるだけ低ければよいという考えの下，財務が問題とはならないからです。

　親族内承継の場合，株式を異動させる方法としては，株式の譲渡のほかに株式の相続と贈与が付け加わります。贈与や相続で株式が移動する場合，基本的に株価は相続税評価額で判断されるため，財務の問題というよりは後述6の税務の問題という性格が大きくなるのです。

5　人事労務の諸問題

　会社を経営していくためには，「ヒト・モノ・カネ」の3つの経営資源が必要といわれています。この3つの経営資源の筆頭に掲げられる「ヒト」の関係（労務関係）を上手に処理していくことは会社経営においてポイントとなることですが，事業承継型M＆Aを円滑に進めて行くうえではさらに重要だといえます。

　事業承継型M＆Aでは，会社自体はそれなりの業歴を持っているケースが多いので「モノ」や「カネ」はある程度存在しています。「ヒト」も存在してはいますが，「ヒト」には感情があり，事業承継という特別

なイベントの際には理論よりも感情が優先されることが多いのも事実です。このヒトの感情をいかにしてコントロールするかが，M＆A後の会社のパフォーマンスを左右するといっても過言ではありません。

　また，労務関係を円滑に処理する際の基本的な方向性は，手続きにより大きく異なります。以下では，株式の譲渡と合併に分けて，人事労務ですべきことを説明します。

(1) 株式の譲渡の場合

　株式の譲渡を行った場合には，通常，会社自体の株主が変わり，経営者も一部または全部変わるものの，会社組織の基本的な運営はしばらく従前と変わらず継続することになります。会社の株主や経営者が変わったとしても人事労務の諸条件について，ただちに変更することはあまり考えられません。

　また次に説明する合併のケースとは異なり，合併法人と被合併法人の労働条件を統一化することも考えなくてよいので，労働関係についての調整はそれほど意識しなくてもよいといえます。

　しかし，事業承継を目的として会社を引き継いだ場合には，それなりの調整は必要になります。事業承継を目的に会社を引き継いだ場合は，引き継いだ会社自体の歴史が古く，社歴が長い従業員が数多く存在しているはずです。それら社歴が長い従業員の労働条件の調整が将来的には必要になってきます。もちろん就業規則等でうたわれている諸条件を労働者の不利になるような形での調整は基本的にはできないと考えてください。

　社歴が長い従業員は，旧経営者との結びつきも強く，例えば口約束での労働条件の提示などが過去にあったなど特別扱いが認められているケースも多いのです。これら成文化されていない特別扱いについては，

極力，配慮はするものの株式の譲渡前の段階で整理しておく必要があります。

　場合によっては退職金の割増しなど金銭面での調整が必要な場合も出てくるでしょう。株式の譲渡前にこれらの成文化されていない条件などについては，旧経営者と話をしておく必要があるのです。

　株式の譲渡後については，新たに事業を引き継いだ経営者が会社経営を担っていくために諸制度の変更をすることになります。その中で人事関係については，急激な変化は避けたほうがよいでしょう。中小企業は良くも悪くも経営者の独裁で経営されているケースがほとんどです。

　経営者が変わったからと言って，急激に制度変更を行おうとすると相当の反発が予想されます。これは親子間での承継などの親族内承継においても言えることで，**変化は少しずつ従業員のコンセンサスを得つつ行うことが肝要です。**

　その実施の方法ですが，中小企業の就業規則では種々の労働法の改正に対応していないケースが多いことから，それら法律の改正に合わせることを名目に現在の実態にあった制度への切り替えを徐々に行うというやり方が望ましいです。

(2)　合併の場合

　合併や分割等により他の会社に事業が承継される場合，従業員の賃金等の労務関係も変更されることなくそのまま承継されるのが基本です。

　そのため，事業承継型M＆Aの手法の中でも吸収合併や吸収分割のように会社間で事業が移転する手法を採用した場合には，引き継がれる会社の従業員の労務関係と，引き継ぐ会社の従業員の労務関係が移転先の会社で併存することになります。合併存続会社と合併吸収消滅会社の両

方の制度が並行して存在することになるのです。

　つまり，この状態のままでは労務関係の事務処理負担が増加するといった問題が生じます。また，異なる労務関係が併存することから，同じ職務を行う従業員の賃金など労働条件が異なるといった事態が生じ，従業員の士気等に悪影響を及ぼすこともあります。

　そのため，M＆Aによって複数の労働条件が併存することになる場合には，M＆Aの前後で労働条件の統一を上手に行うことが重要な課題となります。ここからは，実例を使って説明していきます。

ケーススタディ3　税理士法人と個人税理士事務所の合併

　地方都市で創業から25年経過したD税理士事務所の代表は将来の事業承継と規模の拡大，業務の多様性への対応を考え，以前から業務で協力関係のあった東京の大手B税理士法人との合併を計画していました。D事務所の従業員は25名，それに対しB税理士法人は80名という規模であり，労働条件もかなりの違いがありました。

　そのためD税理士事務所の代表はまずは就業規則の統一の提案をし，B税理士法人の代表もそれに同意しプロジェクトを進めることとしました。具体的にはプロジェクトチームを編成，そこには両代表も加わり，月1回程度の協議検討を実施して就業規則の各項目についての調整を行っていきました。

　基本スタンスとしては，存続法人であるB税理士法人の就業規則に合わせるというものでありましたが，同じ項目で従業員にとって有利となるものはそちらを優先するという方向性で進めていきました。しかし，歴史的，企業文化の違いから，すり合わせできないいくつかの項目については，現在いる従業員が在籍している間はそれぞれの規定を残すものとして，その部分については2つの制度が併存することで調整を図りま

した。

　また，労働条件についても大きく異なる部分については期限を決め，段階的に旧D事務所の従業員の条件を変えることで調整を図りました。さらに，B税理士法人の就業規則の中にも，今回の合併以外で修正したほうがよい項目については，これを機会にすべて見直しを行いました。

　このような方針で協議を進め，でき上がった新就業規則は社会保険労務士のチェックを経て，それぞれの従業員に対して説明会を実施し承認を受けたうえで実際の合併日より施行させることとなったのです。特にD税理士事務所については，合併後の待遇面での変化について従業員一人ひとりと面談を行い，代表者から直接説明し，納得してもらうという手続きを踏んだうえで実際の合併を実施しました。

このケースでわかることは，

- 従業員に有利な条件はそれを優先する
- あまりに異なる条件については期限を決め段階的に調整し統一化を図る
- どうしても統一化できない部分は現従業員に限り適用し，その後に入社するものに対しては適用しない

ということです。また，合併を成功させるためには，財務などお金に関わる事項の調整も大切ですが，最も大切なことは従業員の理解を得るということです。

　ご紹介したケーススタディでは，この就業規則の調整だけで約1年を要しました。人事労務の調整ができなければ合併自体もできなかったと思われます。

ケーススタディ 4　同業者同士の持株会社設立後の合併による事業承継
（ ケーススタディ 2 のＳＡ社の労務関係）

　55頁で紹介したケーススタディ 2のＳ社とＡ社，最終的に合併して
ＳＡ社についての就業規則の取扱いについても見ていきます。Ｓ社と
Ａ社が持株会社であるＳＡ社を株式交換の制度を利用し設立した段階で
は，それぞれがそれまで持っていた就業規則については，それぞれの会
社で従来からのものを，一部細かな点の修正を除きそのまま使用してい
ました。従業員にとっては株主が持株会社になるだけで，労働環境につ
いては従来とほぼ変わらない状況でした。

　その後，Ｓ社とＡ社は合併しますが，事業会社となったＳＡ社は３つ
の就業規則を持つことになります。すなわち，旧Ｓ社のもの，旧Ａ社の
もの，新ＳＡ社のものということです。

　合併後に入社の社員についてはすべて新ＳＡ社の就業規則を適用する
ようになり，旧Ｓ社，旧Ａ社から所属している社員についは従来どおり
の労働条件を維持したのです。そのため，全社員が１つの就業規則の下
で仕事をするのは，旧社員がすべて退職した後になるということです。

　このようにＳＡ社のケースでは，両社の就業規則があまりに違う場合，
それを無理に統一すると職場に混乱を招いてしまう恐れがあるため，あ
えてすぐに統一せず将来にわたって統一するという方法を選択するとい
うことも考えられます。

　もちろん，労務管理は大変ですが，なにより重要視すべきは社員のモ
チベーション維持です。また，事業承継を前提に考えると長い目で会社
を考えることができるため，このようなやり方も有効であるといえます。

6　税務の諸問題

　Ｍ＆Ａの実施に伴う税務の諸問題は，主にＭ＆Ａをする時の課税処理の問題として現れます。税金の種類やその課税対象・課税額はＭ＆Ａの形態によります。ここでは事業承継型Ｍ＆Ａについてみています。

　事業承継型Ｍ＆Ａの基本的な取引形態は次のとおりです。

- 株式の譲渡
- 株式の贈与・相続
- 事業譲渡
- 合　併

(1)　株式の譲渡の場合

　株式の売買が行われた場合，その売却益に対しては税金が課されます。売却益が法人に生じれば法人税が課税され，個人であれば所得税が課税されることになります。

　事業承継型Ｍ＆Ａを考えると，株主は個人であることが多いはずです。株式売却の主体が個人である場合は，売却益に対して所得税と復興特別所得税，住民税が課されます。所得税では上場株式等を除いた一般の株式譲渡についての譲渡益課税は，他の所得と区分して税金を計算する「申告分離課税」となっています。給与所得や事業所得などの総合所得とは分離して税額が計算されます。

　上場株式等の場合は，特定口座による源泉分離を選択することもできますが，本書で想定している事業承継型の場合は，一般株式等の譲渡となり譲渡した人が自分で申告をしなければなりません。

その所得の算出方法を算式で示すと次のとおりとなります。

$$\text{株式譲渡等にかかる} \atop \text{譲渡所得等の金額} = {\text{総収入金額} \atop \text{（譲渡価額）}} - {\text{必要経費（取得費} \atop \text{＋委託手数料等）}}$$

　株式譲渡にかかる税額は，上記算式で計算した所得金額に税率をかけて求められます。税率は所得税15％，住民税5％，復興特別所得税が基準所得税額の2.1％（令和19年まで）です。

　株式の売却については，1つ大きな問題があります。それは本章2でも触れた譲渡価額についてです。事業承継型M＆Aにおける株式は，非上場の同族株式である場合が多く，市場価額として株価がどこかに表示されているわけではありません。取引当事者双方が納得した金額が適正な価格となります。しかし，それが税法上認められるのは，第三者間の取引であることが前提となります。

　税法上では「財産の価格は，時価によるものとし……」とされていますので，株式売却においても時価で行うことが前提となります。ただし，具体的に所得税法や法人税法において非上場株式の時価を計算する方法は規定されていません。法人税基本通達や所得税基本通達などでの税務上の目安はあるものの，原則としては，あくまで双方が納得した合理的だと認められる価額が時価とされるのです。

　反対に同族株主間や関係会社間でなされた取引の場合，税務上の評価額（例えば純資産評価額など）を意識しながら金額を決めないと，個人にあっては贈与，法人にあっては寄付という認定を受ける可能性があります。

　特に事業承継の問題を解決するために株式譲渡の手法を利用する場合，同族関係者間の取引となるケースも多くなると考えられます。これら課税上の問題を生じないためにも，同族株主や関連会社間での取引におい

て，その金額の決定には十分注意しなければなりません。

(2)　株式の贈与の場合

　株式の異動を行うことによって，会社の株主構成を変えることができます。代表的な方法が，(1)の株式の譲渡ですがそのほかに贈与，相続による異動が可能です。

　譲渡，贈与は他人間でも比較的容易にできますが，相続の場合は，基本的には血縁関係がある相続権を有する人に相続されることになり，他人に相続させる場合は遺贈という手続きをとらなければなりません。

　主に親族内事業承継のための手法として，株式の異動で利用されることが多いのがこの贈与・相続です。特に贈与の中でも相続時精算課税方式では対象となるのが直系親族だけに限られるので親族内承継にしか適用することはできませんし，暦年贈与については親族外の者に対しても利用することはできますが，税率が高くなるため，まとまった株式を贈与するには向いていない点に留意する必要があります。

　株式の贈与についてですが，手続きは簡単です。贈与をする人（贈与者）から贈与を受ける人（受贈者）に対して，贈与をすると同時に贈与を受ける意思表示があれば成立します。ただし，実務的には贈与証書などの書面を贈与が行われた証として作成，保管しておくことが求められます。

　また，贈与税の計算を行うときの株価ですが，同族関係者間の取引では，原則的評価方式を採用します。具体的には，評価する株式を発行した会社を総資産価額，従業員数，および取引金額により大会社，中会社または小会社のいずれかに区分して，原則として次の**図表2－6**のような方法で評価をすることになっています。

図表2－6　取引相場のない株式の評価（原則的評価）

大会社	大会社は，原則として，類似業種比準方式により評価します。類似業種比準方式は，類似業種の株価を基に，評価する会社の１株当たりの「配当金額」，「利益金額」および「純資産価額（簿価）」の３つで比準して評価する方法です。
小会社	小会社は，原則として，純資産価額方式によって評価します。純資産価額方式は，会社の総資産や負債を原則として相続税の評価に洗い替えて，その評価した総資産の価額から負債や評価差額に対する法人税額等相当額を差し引いた残りの金額により評価する方法です。
中会社	中会社は，大会社と小会社の評価方法を併用して評価します。

① 暦年課税

　個人間の贈与については，贈与税が課されることになります。贈与税は，原則，特例を合わせていくつかの制度がありますが，一般的なものとしては年間110万円までの非課税枠がある暦年課税制度がよく知られます。この制度は**年間に贈与を受ける金額が110万円までであれば，贈与税が課税されない**というものです。

　贈与税の計算は，

（１年間に贈与によりもらった財産の価額－110万円）× 税率 － 控除額

で計算しますが，その税率は次の**図表2－7**のとおりです。一般用と特例用がありますが，直系尊属から18歳以上の子や孫への贈与は，特例贈与として税率が一般のそれに比べ緩和されています。

図表 2 － 7　贈与税の税率

【平成27年 1 月 1 日～】

A　B以外の通常の場合		
基礎控除および配偶者控除後の課税価格	税　率	控除額
200万円以下	10%	―
300万円以下	15%	10万円
400万円以下	20%	25万円
600万円以下	30%	65万円
1,000万円以下	40%	125万円
1,500万円以下	45%	175万円
3,000万円以下	50%	250万円
3,000万円超	55%	400万円
B　直系尊属から18歳以上の子や孫の場合		
基礎控除および配偶者控除後の課税価格	税　率	控除額
200万円以下	10%	―
400万円以下	15%	10万円
600万円以下	20%	30万円
1,000万円以下	30%	90万円
1,500万円以下	40%	190万円
3,000万円以下	45%	265万円
4,500万円以下	50%	415万円
4,500万円超	55%	640万円

② 相続時精算課税制度

　暦年課税制度では年間の非課税枠が110万円となっており，株式の贈与については限られた株式数しか贈与することができません。そこで，親族内事業承継を考える際には，まとまった財産を贈与することができる相続時精算課税制度の利用を検討することになるでしょう。

　相続時精算課税制度とは，原則として60歳以上の父母または祖父母から，18歳以上の子または孫などに対し，財産を贈与した場合に選択できる贈与税の制度です。この制度を選択する場合には，贈与を受けた年の翌年2月1日から3月15日の間に一定の書類を添付した贈与税の申告書を提出する必要があります。

　なお，この制度を選択すると，その選択に係る贈与者から贈与を受ける財産については，その選択をした年分以降すべてこの制度が適用され，暦年課税へ変更することはできません。

　また，相続時精算課税を選択しようとする受贈者（子または孫など）は，その選択に係る最初の贈与を受けた年の翌年2月1日から3月15日までの間（贈与税の申告書の提出期間）に納税地の所轄税務署長に対して「相続時精算課税選択届出書」を受贈者の戸籍の謄本などの一定の書類とともに贈与税の申告書に添付して提出することとされています。

　また，この制度の贈与者である父母または祖父母が亡くなった時は，相続税の申告については，相続財産の価額にこの制度を適用した贈与財産の価額（贈与時の時価）を加算して相続税額を計算します。つまり，贈与した財産については，相続税の対象として計算し税額を精算する制度なのです。

　その贈与税の額は，

$$\left[\begin{array}{l}\text{贈与財産の価額の合計額} - \text{特別控除額 (2,500万円。}\\ \text{ただし，前年以前において，すでにこの特別控除額を}\\ \text{控除している場合は，残額が限度額)}\end{array}\right] \times 20\%$$

で計算します。特別控除額を超える金額を贈与すると贈与税が発生しますが，納付した贈与税は相続時に精算されることになります。

　暦年贈与に比べて多くの株式を贈与することはできますが，最終的には相続税の課税対象となるため，基本的にはいわゆる相続税の節税策としては使えません。また，株式の評価額は贈与時の金額が，そのまま相続税の計算にも使用されることになりますので，注意が必要です。

　また，税制改正により令和6年1月1日の贈与より相続時精算課税制度の内容が変わり，比較的使いやすくなります。具体的には相続時精算課税制度を選択した後の贈与で年間110万円以下の贈与であれば，申告不要で課税対象として計算に入れないという取扱いです。この改正により事業承継の場面でも相続時精算課税制度を利用する場面が増えると考えられます。

⑶　株式の相続の場合

　相続により事業承継を実施するケースとしては，遺言などにより株式を親族外に者に遺贈するケースを除き，そのほとんどが親族内承継となります。現実的な問題として，相続は親族内でというのが一般的だと考えられているため，相続に親族外の者を入れるというのはまれです。

　相続税の計算では贈与税などと同様に基礎控除額があり，純遺産額がその額に達しないときには，税金もかかりませんし申告も不要となります。

　相続税の基礎控除は，

$$3,000万円 ＋ 600万円 × 法定相続人の数$$

で計算されます。

　次に相続税の税額は，**図表2－8**の順序で計算していきます。

図表2－8　相続税の計算の流れ

①純遺産額を計算	純遺産額＝総財産－（非課税財産＋債務総額＋債務控除の対象となる葬式費用）
②課税価格の計算	課税価格＝純遺産額＋相続開始前3年以内の贈与財産
③課税される遺産額	課税される遺産額＝課税価格－基礎控除額
④相続税総額の計算	課税される遺産額を法定相続で分割されたものとして，相続税総額を計算
⑤各人の相続税額の計算	相続税額＝相続税総額を実際の遺産相続の割合で配分－税額控除

図表2－9　相続税の速算表（平成27年以降）

法定相続分に応ずる取得金額	税　率	控除額
1,000万円以下	10%	－
3,000万円以下	15%	50万円
5,000万円以下	20%	200万円
1億円以下	30%	700万円
2億円以下	40%	1,700万円
3億円以下	45%	2,700万円

6億円以下	50%	4,200万円
6億円超	55%	7,200万円

　このように課税対象となる遺産額を法定相続で相続したものとみなして相続税の総額を計算してから，それぞれ相続した遺産額の割合に応じて税額を按分するという計算方式がとられています。

　相続が発生した場合には，被相続人のすべての財産・負債が相続税の対象となることから，**当然株式についても相続財産となり課税対象**となります。株式の中でも特に同族会社の株式は換金性に乏しく，現金納付を原則とする相続税については，その負担が重いものになると考えられます。

　相続により事業承継が行われる場合，株式もそのほかの財産と同様に取り扱われます。株式を評価し，遺産分割協議（または遺言）により相続し，相続税の計算を行うことになります。

　株式の相続に関しては，問題点は2つあります。

　1つは財産としての金額が大きくなるにもかかわらず，相続税は現金で納税しなければならないという点です。同族株式は換金性が乏しいため，事業承継を考えるときには，**被相続人である先代経営者は個人財産として少なくとも相続税相当額の現金の準備することを考えておかなければならないでしょう。**

　もう1つの問題点は，遺産分割です。相続人が複数いる場合に，必ずしも相続人全員が後継者とならないということです。会社経営に関わらない相続人が，当該会社の株式を相続しても意味がありませんが，税負担や相続財産の分割のバランスから，後継者でない相続人が株式を相続するケースも多いのです。

相続税の現金納付については問題点の第一でしたが，その事業承継者に株式を集中させるとなると相続財産の中の現金についても事業承継をする者に相続させなければならないため，ほかの相続人とのバランスが大きく崩れることになります。事業を承継する者が特別扱いされる印象を受けるため，相続発生前に親族で話し合いをしておくべきです。

① 一般の相続での株式の取扱い

ある程度の規模の同族株式が遺産に含まれていると，税負担は大きくなることが予想されます。他の税金に比べ相続税の基礎控除額は比較的大きい金額が設定されていますが，事前に事業承継に対する対策を講じていなければ，相続税の負担が大きくなるケースもあります。

② 相続時精算課税制度で生前に贈与していた場合の取扱い

相続時精算課税制度を利用して，生前に株式を贈与していた場合の取扱いは，基本的には相続税の計算に生前贈与していた株式の評価額を加算して税額を計算します。その際の評価額は，生前贈与した時の評価額をそのまま採用することになります。

それまでに贈与を受けた相続時精算課税の適用を受ける贈与財産の価額と相続や遺贈により取得した財産の価額とを合計した金額を基に計算した相続税額から，すでに納めた相続時精算課税に係る贈与税相当額を控除して算出します。その際，相続税額から控除しきれない相続時精算課税に係る贈与税相当額については，相続税の申告をすることにより還付を受けることができます。

相続時精算課税制度はあくまで相続税の計算をする際の一制度ですが，この制度を利用すると株式の帰属が生前に明確になるという利点があります。事業承継を前提に考えると利用したほうがよい制度だといえます。

(4)　事業譲渡の場合

①　法人税法上の問題

　事業承継の一手法として事業譲渡を利用することがありますが，事業譲渡に関わる税務処理は，基本的には資産の売買と考えればよいので，処理としては単純なものです。

　すなわち，売り手側は譲渡に際して，その売却金額が法人税法上の益金となります。そして，自社の帳簿価額を超える金額について所得を認識することになりますし，売却金額が帳簿価額に満たない場合は損失を認識することになります。

　また，その譲渡価額が市場の適正価格で行われていることを前提にすると，そのほかの課税上の問題も生じません。

　事業譲渡の税務処理で最も問題となるのは，譲渡した際の価額が適正な金額であるかどうかということです。金額が適正価額であれば，問題は生じませんが，そうでない場合は課税上の問題が生じる可能性があるのです。事業承継として事業譲渡を利用する場面では，関係会社などへの譲渡がある場合については注意が必要といえるでしょう。

　資本関係などがない法人間での取引については，原則として譲渡価額は第三者間の交渉で決められるため価額について税務上の問題は生じないでしょう。

②　消費税法上の問題

　消費税の処理については，これも通常の資産の譲渡と同様の税務処理をすることになります。

　具体的には事業譲渡によって譲渡した資産ごとに課税資産と非課税資産に分類して消費税の税務処理をしていくことになります。動産などについては課税，不動産のうち土地等については非課税，有価証券についても非課税処理となります。

また，事業譲渡と類似するM＆Aの形態として会社分割がありますが，会社分割の場合は消費税が課税されないなどその税務処理が異なります。どのM＆Aの手法を利用するかによって課税関係は異なりますので，事前に検討しておいたほうがよいでしょう。

③　のれん（営業権）について

事業譲渡の取引の際に発生する超過収益力を表すのれん（営業権）については，取得した会社での会計処理は，原則として無形資産に計上し，20年以内のその効果の及ぶ期間にわたって，定額法その他の合理的な方法により規則的に償却することが求められています。

しかし，税務上の処理については会計処理にかかわらず，営業譲渡の実施事業年度から60か月均等で取り崩し，損金算入することとされています。

⑸　合併の場合

会社合併の税務については，合併法人，被合併法人，それぞれの会社の株主という3つの主体が登場するため，それぞれにおいて税務処理が発生することになります。

合併法人は被合併法人の諸資産・諸負債の受入れの処理が中心となり，被合併法人については合併の伴う諸資産・諸負債の移動と合併時における税務処理が大きな課題となります。株主においては，株式異動に伴う譲渡益の認識，みなし配当が課題です。

また，合併の税務でこれ以外に大きな課題としては，税制適格合併かどうかという課題があります。

①　合併に際しての資産・負債の移動

吸収合併の手続きは，おおまかに次の流れで行われます。

被合併法人の資産・負債を合併法人に移動

↓

被合併法人は合併法人の株式等を取得

↓

被合併法人は取得した株式を自社株主に交付して消滅

　合併が実施された際には，権利関係の承継も含めて異動することにな
りますが，税務的には資産と負債の移動という問題に収斂されます。

　被合併法人の資産・負債の移動時，移動させる資産・負債の価額が最
初の問題となります。合併の際の資産等の移動は，原則的には時価によ
り移動したものとして取り扱われます。つまり，合併法人は合併事業年
度において，資産等を時価により受け入れたものとして取り扱われます。

　一方の被合併法人においては，合併法人とは反対の取引が発生するこ
とになります。合併の際の資産等の移動は，時価により移動したものと
して取り扱われ，被合併法人の税務上の簿価との差額については，譲渡
利益または譲渡損失として合併みなし事業年度において損金の額または
益金の額に算入されることになるのです。

② 　税制適格合併と非適格合併

　図表2-10にあるとおり，合併の際にはそれら資産等の受入れは時価
で行うことが原則となっています。そのため，合併時に合併法人が受け
入れる資産・負債の価額は時価により受け入れることになり，資産・負
債の差額については「のれん」という無形固定資産として処理されます。

　また，被合併法人においては，帳簿価額と時価の差額は，合併のとき
に譲渡損益が実現したと考え，その差額である譲渡損益は法人税法上の
損金または益金として課税所得の計算を行うことになります。

図表2－10　税制適格合併と税制非適格合併の違い

	被合併法人	合併法人	被合併法人の株主
税制適格合併	資産・負債の簿価による引継ぎ	資産および負債の簿価による引継ぎ 被合併法人の欠損金の引継ぎ（一定の要件あり）	課税関係なし
税制非適格合併	資産・負債の時価による譲渡	資産および負債の時価による受入れ 資産（差額負債）調整勘定の認識	みなし配当の認識 被合併法人株式の譲渡損益の認識

　しかし，一定の要件を満たせば時価による受入れをする必要がありません。それが税制適格合併という制度です。税制適格合併には企業グループ内の合併（完全支配関係がある場合と支配関係がある場合）の2類型と共同事業を行うための合併のあわせて3類型があります。

　その類型ごとにも様々な要件がありますが，すべての類型で共通の要件となるのは，合併に際して合併交付金など合併法人の株式以外の資産の交付がないことです。

企業グループ内の合併

1．完全支配関係がある会社の合併

　被合併法人と合併法人の持株割合が100％である完全支配関係がある会社同士の合併は，スムーズな企業再編を促す意味でも，税制適格合併として帳簿価額での受入れを認めることとしています。

　100％親子会社関係にある企業の合併については，資本関係がそうである以上，すでに一体の会社であるとみなして資産等の移動の際の課税は繰り延べられるのです。

2．支配関係がある会社の合併

　被合併法人と合併法人の持株割合が50％超100％未満の支配関係がある場合の会社同士の合併の場合については，次の要件を満たす場合に税制適格合併となります。

　ⅰ　被合併法人の従業員のうちおおむね80％以上の者が合併法人の業務に従事することが見込まれていること
　ⅱ　被合併法人が営んでいた事業を合併法人が合併後に引き続き継続して営むことが見込まれること

　100％の親子会社関係ではなくても，50％超という緊密な資本関係があれば，合併後の事業が現在行われているものと同じであり，継続して行われている，ということを要件に税制適格を認めています。

3．共同事業を行うための合併

　企業グループ内の合併は，過去から資本関係がある程度結ばれている現状を踏まえ，スムーズな企業再編ができるような配慮のもと，限られた要件を満たせば認められます。企業グループ内ではなくても税制適格と認められる合併には，共同事業を行うための合併というものがあります。

　しかし，企業グループ内の合併より，要件は多くなっています。以下の５つ（株主が50人以上の場合はⅴは満たす必要はありません）を満たせば税制適格合併となります。

　ⅰ　被合併法人の主要な業務と合併法人が営む業務とが相互に関連するものであること

ⅱ　被合併法人が合併前に営む主要な業務と合併法人の業務のそれぞ
れの売上金額・従業員数・資本等の金額等の割合がおおむね5倍を
超えないこと。または，被合併法人の特定役員と合併法人の特定役
員のいずれかが合併後の合併法人の特定役員になることが見込まれ
ていること

ⅲ　被合併法人の従業員のうちおおむね80％以上の者が合併法人の業
務に従事すること

ⅳ　被合併法人が営んでいた主要な事業で合併法人の事業に関連する
事業を合併法人が合併後に引き続き継続して営むことが見込まれる
こと

ⅴ　合併直前の被合併法人の株主で合併法人の株式の全部を継続して
保有することが見込まれる者が有する被合併法人株式の数が発行済
株式の80％以上であること

　共同事業を行うための合併については，税制適格の適用を受けるため
には，合併前に被合併法人の主要な事業であり，合併法人でもすでにそ
の事業を営んでいることが要件とされています。さらに，役員や従業員
などもその事業を引き続き行っていく見込みであるとことが必要とされ
ています。

　これら共同事業を行うための要件は，数字的な要件というよりも合併
前や合併後の実態が共同事業を行っているかという部分に重点が置かれ
ているため，それら実態をきちんと説明できるようにしておく必要があ
ります。

　税制適格合併の場合は，次の2つの税務上のメリットがあるので，事
業承継を前提として合併を選択する際にもこれら2つのメリットも考慮
したうえでM＆Aの実施を検討することになります。

● 合併処理

　税制適格の合併処理は，資産等は帳簿価額で受け入れます。利益積立金も同様にそのまま合併法人に引き継がれることになります。

　また，資本金については，増加分は会社で決定した金額となります。そうすると，増加資本金の金額によっては，被合併法人の貸借対照表上の数字と差異が生じることになりますが，その差異は資本積立金を用いて処理します。

● 繰越青色欠損金額の引継ぎ

　税制適格合併の特典として，繰越青色欠損金の引継ぎがあります。被合併法人において，繰越青色欠損金を有していた場合，税制適格合併では原則としてその欠損金の引継ぎが可能となります。

　ただし，企業グループ内合併で共同事業要件を満たさない合併の場合は，特定資本関係成立事業年度以前に生じた欠損金額は引き継ぐことができませんので，注意が必要です。

　欠損企業を租税回避目的で合併するなど，不当に税負担を軽くするような行為に対処するため，欠損金の引継ぎには一定の制限が設けられています。合併法人と被合併法人の適格合併の日の属する事業年度開始の日の5年前の日，それぞれの法人の設立の日のうちの最も遅い日から継続して支配関係（50％超の持株関係）がある場合には，制限はされません。また，共同事業要件による適格合併についても制限なく欠損金を引き継ぐことができます。

③　合併に伴い消滅する会社の税務

　合併消滅法人は，税制適格合併の場合は特別な課税処理は生じません。非適格合併の場合は，時価での資産等の移動に伴い譲渡損益の発生があり，株主についてはみなし配当などが発生することがあります。

　事業承継型M&Aで消滅する被合併法人の税務処理としては，税制適

格合併と税制非適格合併でそれぞれ取扱いが異なります。

税制適格合併の場合

　税制適格合併の場合は，税務処理自体は簡単です。被合併法人の保有
している資産・負債については，合併直前の帳簿価額で合併法人に引き
継がれることになります。さらに合併消滅法人の利益積立金も合併存続
法人に引き継がれます。つまり，この合併自体の取引について課税所得
が発生することはありません。

　また，被合併法人の株主に対してもみなし配当は発生しません。また，
消費税法上，合併自体の取引については課税対象外取引として取り扱わ
れます。

税制非適格合併の場合

　税制非適格合併の場合，被合併法人の合併直前まで持っていた資産等
は，時価で合併法人に譲渡することになります。合併が行われた時点で，
被合併法人が持っていた資産等を時価で譲渡したとされ，売却益または
売却損が実現されます。

　この場合の税務上の処理は，合併消滅法人は移転する資産等の対価と
して合併存続法人から株式等を時価によって受け取り，直ちにその株式
等を合併消滅法人の株主に交付したものとして取り扱われています。

コラム　役員借入金が起こす実務上の諸問題

　相続事務の実務を行っていると様々な問題にあたります。特に同族会社の株価については本編でも解説したとおり，相続の際には大きな問題となるケースが多いです。事業承継ができていない会社の株式を親族が相続すると，その後の会社の経営をどうするのかという大きな問題を解決しなければなりません。さらに，株価が大きくなっている会社の同族株式を相続すると，相続税の問題も考えなければならないため簡単に処理することはできません。

　株価が大きくなっている会社の株式を相続するのは経済的にも大変というのは容易に理解できると思います。しかし，反対に株価がつけられない，毎年赤字を計上している会社は事業承継という点では問題はないのでしょうか？

　一見，株価がつかない会社の株式を相続することは，相続税の負担という点を考えると特別な問題はないと考える人は多いのではないでしょうか？

　しかし，赤字の会社でも，会社の経営や経済的な理由から，問題が生じるケースが多いのも事実なのです。

　まず，株価がつかない毎年赤字の会社はどのような経営をしているか想像してみましょう。通常，事業承継の机上に上がってくる会社は，黒字決算・赤字決算を問わず，業歴が長い会社が多いはずです。業歴が長いということは，継続的に顧客が存在し，それに伴ってある程度の売上高も確保していると想像できます。

　また，業歴が長いということは，会計上は赤字であっても，キャッシュフローはプラスでなければなりません。キャッシュフローが一時的にマイナスということはありうるものの，継続的にマイナスということはありえないからです。

　そのような「会計上赤字，キャッシュフローはプラス」という会社は存在するのでしょうか？

　実は中小企業のかなり割合がそのような状態で経営しているのです。その仕組みを解く鍵は，役員報酬と役員借入金にあります。一般的な中小企業では必要以上に利益を上げて納税をするというところは，少ないです。

　利益はある程度あればよい，もしくは赤字でも構わないというところが多くあり，そのような会社の経営者は自身の役員報酬額を必要以上に多く設定します。大きな役員報酬を設定している会社は，会計上は赤字を計上することになりますので法人税を支払う必要はないことになります。当然，その会社の身の丈に合っていない役員報酬額を支払うとキャッシュフローはマイナスになるため資金が回りません。

　そこで，その経営者は多く設定した役員報酬の中から，会社に対して資金を貸し付けキャッシュフローの均衡をとるのです。そうなると会社の貸借対照表上，役員借入金が計上されることになります。しかも，その役員借入金の金額は毎年発生するため，業歴が長い会社は多額の役員借入金をその貸借対照表上の負債として抱えることになるのです。

　この多額の役員借入金は，会計上負債として処理されているので，どこかの時点で返済をしなければならないものです。しかし，会社側から見ると役員借入金の返済は，貸し付けていた経営者が現役中に行われることはまれです。なぜなら，返済をするとしたら会社が利益計上するか，他の金融機関から借りてくるほかに返済原資を確保することができないからです。

　役員借入金の発生原因についてはご理解いただけたと思いますが，このことが事業承継にとってどのような問題となるのでしょうか？

　たしかに役員借入金は株価にはマイナスの影響を与えますが，それは株価が小さくなるのでかえって都合がよいと考える方が多いです。

　しかし，個人の相続を考えると都合がよいとは言い切れないのです。

会社の貸借対照表上に負債として計上されている役員借入金は，経営者個人から見ると貸付金となります。貸付金は個人にとっては財産となり，そうなると相続が発生した際には，相続税の対象となるのです。

　例えば，株価が０の会社で役員借入金１億円が計上されていたとして，他の財産が何もない場合は相続税の対象となるのは貸付金１億円となります。仮に税率が10％だとして，この貸付金に関する相続税は1,000万円となります。ほかに財産がないにもかかわらず，1,000万円の相続税負担が相続人にかかることになるのです。

　相続税の納税は原則として現金で行わなければならないため，今回の想定したケースでは相続人は自分自身のポケットマネーから相続税を負担しなければならない事態も想定されるのです。

　役員借入金は処理が難しいものです。本書で取り上げている事業承継型M＆Aの場面でも，多額の役員借入金が存在するケースがあります。その役員借入金の処理方法は，ケースバイケースですが，いくつかの解決方法は存在します。実は，M＆Aを実施する際にこの厄介な役員借入金もその過程の中で処理することが多いのです。M＆Aはいわばオーダーメイドでそのやり方を決めることができるため，相続が発生した後よりは役員借入金の解消は容易にできるのです。

　それら役員借入金の解消方法は別の機会に紹介したいと考えていますが，ここでは株価がつかない会社でも役員借入金の処理問題は発生するということ，それを解決するためにはM＆Aの際に一緒に行ったほうが容易にできることを覚えておいてください。相続が起きてしまうと，なかなか解決できない問題でも，相続前であれば解決できるケースが多いのです。

▶▶▶ 第2章のまとめ

- 親族内承継の場合，原則，相続の手続きをとることになるため，その準備が必要。

- 自社株の評価はM＆Aの取引形態やM＆A以外の手法によっても計算方法が異なり，金額算出には難しい点もある。

- 一般的にM＆Aを実施時にシナジー効果を求める傾向は強いが，事業承継型M＆Aの場合，必ずしもそれが第一優先ではない。

- 中小企業の財務諸表は主に税務基準で作成されているため，デューディリジェンスを通して時価等に評価を替えて資産価値を評価する。

- M＆A実施に際して人事制度の統一や変更は拙速に行うべきではない。

- M＆Aの形態や引継ぎ方によって，課税される税金とその負担率は異なる。

- M＆Aによって事業再編には，税務的に税制適格と税制非適格があり，税制適格は税負担が少なくて済むが，適用要件がいくつか存在する。

第3章

M＆Aの流れとコスト

1　M＆Aの流れ

　事業承継を目的とするM＆Aは近年，注目されるようになってきました。特に，後継者のいない企業では会社を廃業してしまうよりもM＆A等で売却をしたほうが事業自体を存続することができ，また，従業員の雇用を守ることもできるため，近年，広く行われるようになってきています。

(1)　M＆Aの類型とその特徴

　M＆Aには法的観点から大別して以下の手法があります。

1　合　併

2　会社分割

3　株式交換

4　株式移転

5　株式譲渡

6　募集株式の発行

7　事業譲渡

　上記の手法は，単独でM＆Aに用いられる場合もありますし，複数の手法を組み合わせて用いられる場合もあります。例えば，単純に吸収分割を使うことで，直接会社の1事業部門を結果的に売却することは可能です。

　また，会社分割のうちの新設分割という手続きを利用して新設会社に事業部門の一部を移転させたうえで，株式譲渡により当該会社を売却するという手法が取られることもあります。

　このようにM＆Aを実行する際には，いくつかの手法を単独でまたは

組み合わせて実行することができますが，以下に説明する各M＆A手法の長所・短所から，実務においてはいくつかの選択肢に限られてくるのが通常です。このうち事業承継を前提としたM＆Aの手法としては，これらすべての手法とその複合的な運用が可能ですが，こと中小企業の事業承継ということを前提にすると，前記①〜⑦のうち，**① 合併，⑤ 株式譲渡，⑦ 事業譲渡が現実的に主な手法として用いられています。**中小企業の事業承継型M＆Aでは，その手法が単純なものが利用される傾向があります。

　ここでは中小企業のM＆Aで利用される3つ（①，⑤，⑦）についての特徴を見ていきます。

　①合併は，合併対象会社のすべての権利義務を包括承継するという点に特徴があります。つまり，合併対象会社の権利義務等もすべて承継してしまうことになります。

　M＆Aを実施した場合，原則としてすべて承継することから，合併にあたり個別の同意等が不要となり，その点で手続きが簡略化されるといったメリットがあります。しかし，その反面，労働条件等もすべて残らず承継してしまうことから合併後に労働条件の統一や整理が必要となるといった留意点があります。

　⑤株式譲渡は事業承継型M＆Aでよく利用される方法です。よく利用される理由としては手続きが簡単なこと，譲渡先，譲受双方の会社がそのまま存続することなどがあげられます。

　手続きとしては，基本的には株式の譲渡契約があれば成立します。株式譲渡の場合，その持株割合をどのようにするかが，M＆A実施の際に最も大きなポイントとなります。

　事業承継を目的とした場合，最終的には100％の持株を譲渡することになりますが，承継作業の中で過渡期を設けるような場合では，その期

間の中途において50％未満のケース，50％超のケースなどが考えられます。持株割合によって課題とすべき問題は異なり，それぞれに対応していく必要があります。

　⑦事業譲渡は，包括承継ではないことから個別の権利移転が必要で，案件によっては手続きが煩雑になるという短所があります。しかし，引き継ぐ側の会社としては，自社に必要な部分だけを受け入れることができるというメリットもあります。

　なお，上記の手法のいずれについても，独占禁止法の規制や金融商品取引法の規制がかかる場合があるので注意が必要です。ただし，中小会社のM＆Aにおいて独占禁止法上の問題や金融商品取引法上の問題が生じることはまれであることも事実です。

⑵　M＆Aの流れ（共通）

　M＆Aの手法は数多くあるものの，中小企業の事業承継を前提とした場合には合併，株式譲渡，事業譲渡を中心に考えていくことになります。実務上，どの手法を選択するかは，売り手・買い手双方の思惑があるため交渉過程の中で決定されることになります。

　どの手法を選択するかというのは，M＆Aの手続きの最初に決められるのではなく，交渉の終盤にかけて決められることのほうが多いのです。ここでは，どの手法でM＆Aを実施するかを決定する前段階までの手続き関係を見ています。

　一般的な手順として，実務上

① 秘密保持契約書の締結
↓
② 覚書の締結

```
                ↓
③デューデリジェンスが実施される
```

ことが多いです。

①　秘密保持契約書の締結

　M＆Aの実施手続きは，ほとんどのケースで秘密裏に進められることが多いです。M＆Aの交渉途中でその情報が取引先や従業員に漏れたとすると，少なからず取引や業務に影響が出ることが予想されるため，その悪影響を避ける必要があるからです。

　そのため，M＆A交渉の最初の手続きとして当事者の間で秘密保持契約書が締結されることになります。

　秘密保持義務の対象とする情報は，M＆Aに関する交渉の存在および内容だけではなく，その交渉において当事者間で開示される一切の情報も含まれるとする場合が多いです。

　秘密保持契約書で定められる重要な禁止条項としては，秘密情報の目的外利用の禁止，第三者への事前許可のない開示の禁止，交渉終了後や相手方の請求に基づく秘密情報の返還や破棄が挙げられます。

②　覚書の締結

　M＆Aに向けた協議や検討について一定の方向性が合意できた時点で，覚書を締結することもあります。覚書の内容は，案件ごとに異なりますが，独占交渉権を一定期間付与する条項や，次の③にかかわる存続会社側が行うデューデリジェンスについて，消滅会社側の協力義務を定める条項を盛り込むことがあります。ただし，中小企業のM＆Aの場合，この覚書を取り交わすことはあまりありません。

③　デューデリジェンス

　合併，株式譲渡や事業譲渡は，その会社の権利義務を承継したり，資

産や負債を引き継ぐことになります。そのため，対象となる会社の財務
や税務，法務，労務に関する状況を詳しく把握しておく必要があります。

そこで，実務上は，買い手が売り手の財務や税務，法務に関する状況
を調査するために，デューデリジェンスを実施することがよくあります。

買い手からデューデリジェンスの依頼を受けた公認会計士，税理士お
よび弁護士等が対象となる会社を訪問し，財務や税務，法務に関する事
項を調査できる資料を提出してもらい，社長や役員等に質問を行う等し
て，その状況を調査することになります。そのうえで，その調査した結
果を報告書として承継する会社に提出することになります。

中小企業のＭ＆Ａの場合でも，ほとんどのケースでデューデリジェン
スが実施されます。しかし，Ｍ＆Ａにかけられる費用や時間が限られる
ということとから，大企業のそれと比べると簡易的な手法で実施される
ことが多いです。

また中小企業の場合，あらゆる点で法令順守に疑問を生じるケースが
多いという特徴があるため，法令順守については最終的な契約書で承継
される側の株主や旧経営者の責任とする項目を設けてリスクを回避する
手法がとられます。そのため，デューデリジェンスを通してその部分に
ついて追及するというケースはあまりありません。

しかし，財務デューデリジェンスは中小企業のケースでも，ほとんど
実施されます。これに対し，労務に関する部分を含めた法務デューデリ
ジェンスは上記理由により本格的に行うケースはあまりありません。主
に行われる財務デューデリジェンスでは，対象会社の実態貸借対照表の
純資産の計算を行うことがその主な目的となります。

(3)　合併の流れ

前項目のＭ＆Ａ共通の流れの中でデューデリジェンスが実施されたの

ち（事案によって一部手続きは並行して実施）の手順は，M＆Aの種類によって手続きが異なることになります。

　合併の手続きには，取締役会や株主総会による承認決議だけでなく，債権者保護手続きや反対株主の保護手続きといった様々なものがあります。

　吸収合併手続きの流れについて，大まかにまとめると，

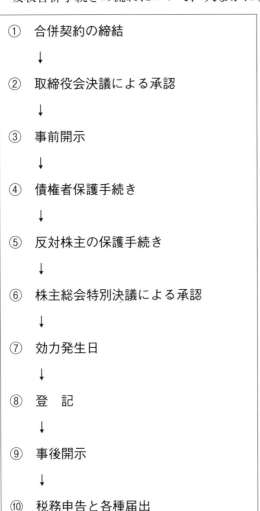

① 合併契約の締結

　　　↓

② 取締役会決議による承認

　　　↓

③ 事前開示

　　　↓

④ 債権者保護手続き

　　　↓

⑤ 反対株主の保護手続き

　　　↓

⑥ 株主総会特別決議による承認

　　　↓

⑦ 効力発生日

　　　↓

⑧ 登　記

　　　↓

⑨ 事後開示

　　　↓

⑩ 税務申告と各種届出

となります。以下，それぞれの手続きについて解説します。

① 合併契約の締結

吸収合併契約は両当事者の代表取締役によって締結されます。また，合併契約に記載しなければならない事項は法定されています。これについては後ほど詳細を見ていきます。

② 取締役会決議による承認

合併は，重要な業務執行であるため，取締役会設置会社であれば，合併存続会社および合併消滅会社ともに，取締役会決議による承認が必要となります。

③ 事前開示

合併存続会社および合併消滅会社ともに，合併契約書等を本店に備え置いて，株主や債権者の閲覧等に供します。株主や債権者に対して，合併に関する情報を開示するためです。中小企業などで株主が限られる場合は，個別に情報を開示する場合もあります。

④ 債権者保護手続き

例えば，存続会社が財務状態の悪い消滅会社を合併した場合，存続会社の債権者からすると，存続会社自体の財務状況が悪化し，その債権の回収ができなくなる可能性もあります。

消滅会社の債権者についても同様のリスクが生じる可能性はあります。合併の当事者の債権者は，利害関係を有しているので，その合併に対して異議を述べることができるのです。

そのため，これらの債権者に対して官報などにより合併の事実を知らせ，一定期間内に異議を受け付ける手続きをいいます。一般的に登記手続きの一環として司法書士が手続きを代行することも多いです。

⑤ 反対株主の保護手続き

合併に反対する存続会社および消滅会社の株主は，会社に対し，自己

が保有する株式を「公正な価格」で買い取るよう請求することができます。

大会社の合併であれば，反対株主が多く存在することも考えられますが，中小企業の場合，この前段階である程度調整がなされていることが多いため，実際には合併の事実を知らせるだけで，この手続きが取られることはありません。

⑥　**株主総会特別決議による承認**

合併存続会社および合併消滅会社ともに株主総会特別決議による承認が必要になります。株主総会の特別決議とは，議決権を行使することができる株主の議決権の過半数を有する株主が出席し，その出席株主の議決権の3分の2以上の賛成を要する決議方法です。

⑦　**効力発生日**

合併は登記された日ではなく，合併契約において定められた日に効力が生ずることになります。法的には，その日においてすべての権利関係を引き継ぐことになります。

⑧　**登　記**

会社が吸収合併をしたときは，その効力が生じた日から2週間以内に，その本店所在地において，合併消滅会社については解散の登記をし，存続会社については変更の登記をしなければならないとされています。

⑨　**事後開示**

存続会社は，効力発生後遅滞なく，吸収合併により存続会社が承継した消滅会社の権利義務その他の吸収合併に関する事項を記載した書面等を本店に備え置き，株主や債権者の閲覧に供さなければならないとされています。

⑩　**税務申告と各種届出**

合併消滅法人は合併の時点で法人格がなくなるため，その事業年度開

始の日から合併期日の前日までを１事業年度とみなして決算申告を行わなければなりません。その場合の申告期限は，合併期日から２か月以内とされています。

また，申告時点で，合併消滅法人はすでに存在していませんので，申告書の提出は合併存続法人が本店所在地の税務署長に対して提出することになります。さらに合併に関する届出書を税務署をはじめとする各税務関係官庁に対し提出しなければなりません。これらの手続きは税理士が代理で行うケースが多いです。

合併の際には，吸収合併の場合では１社が，新設合併の場合では２社が消滅することになります。また，その消滅の際に，清算手続きは不要です。吸収合併の場合には，合併存続会社はそのまま存続しているため，決算申告実務については変わりがありません。

ただ，合併期日において，被合併会社の資産・負債の受入れ処理が出てくるだけです。これに対して，被合併法人は合併の時点で法人格がなくなるため，どこかの時点で決算申告をしなければなりません。

そのために設けられているのが「みなし事業年度」です。決算申告は本来の定款等に定められた決算期に行われ，原則として決算日から２か月以内に申告をしなければなりません。

しかし，合併が行われた場合，被合併会社は消滅することになるので，その事業年度開始の日から合併期日の前日までを１事業年度とみなして決算申告を行うことになるのです。さらに，被合併法人は，合併期日から２か月以内に確定申告をしなければなりません。申告時点で，被合併法人はすでに存在していませんので，申告書の提出は合併法人が本店所在地の税務署長に対して提出することになります。

また，合併に伴い各役所に届け出なければならない書類は次頁の**図表３－１**のとおりです。なお，この届出に関しても，実際は合併存続法人

が合併消滅法人に代わって行うことになります。

図表3－1　合併時に提出しなければならない税務の届出書

被合併法人に関する届出書	提出先	期限
異動届出書	税務署・都道府県・市町村	遅滞なく
合併による法人の消滅届出書（消費税法）	税務署	速やかに
給与支払事務所等の廃止届出書	税務署	合併の日から1か月以内
給与支払報告書・特別徴収に係る給与所得者異動届	異動従業員の1月1日現在の住所地の区役所・市役所	遅滞なく
合併法人に関する届出書	**提出先**	**期限**
異動届出書	税務書・都道府県・市町村	遅滞なく

(4)　株式譲渡の流れ

①　株式譲渡人（株主）から会社に対して株式譲渡承認の請求

　　↓

②　取締役（会）による臨時株主総会の開催決定

　　↓

③　各株主へ臨時株主総会の招集通知

　　↓

④　臨時株主総会で株式譲渡を承認

↓

⑤　株式譲渡人と譲受人の間で株式譲渡契約の締結

↓

⑥　会社に対して株主名簿書換請求と株主名簿記載事項証明書
　　の発行を請求

①　株式譲渡人（株主）から会社に対して株式譲渡承認の請求

　株式譲渡について，ほとんどの会社は承認が必要と定款で定めている
はずなので，まずは会社からの承認を得なければなりません。株式譲渡
人は会社に対して株主の譲渡承認の請求を行います。

②　取締役（会）による臨時株主総会の開催決定

　会社の定款において，譲渡承認を決定する機関が指定されていますが，
特に承認機関が指定されていない場合は，取締役会を設置している会社
は取締役会，取締役会のない会社は株主総会で決議をして譲渡承認の認
否を決定することになります。

　そのため，取締役または取締役会において，臨時株主総会の開催を決
定しなければなりません。

③　各株主へ臨時株主総会の招集通知

　公開会社および書面や電磁的方法による議決権行使の定めがある非公
開会社の場合，2週間前までに招集通知を発する必要があります。書面
や電磁的方法による議決権行使の定めがない非公開会社の場合は，1週
間前までに招集通知を発する必要があります。中小企業の場合は後者の
非公開会社の期日を適用することになります。

④　臨時株主総会で株式譲渡を承認

　会社は承認請求を受けて臨時株主総会などを開催して，承認について

の決議を行います。承認が行われれば，実際に株式を譲渡することができます。実務上は，どのようなケースでも非公式でも事前に打診しておくのが一般的な進め方です。

⑤　株式譲渡人と譲受人の間で株式譲渡契約の締結

会社からの承認が得られれば，株式譲渡人と譲受人との間で株式譲渡契約を交わし，株式の譲渡を行います。

⑥　会社に対して株主名簿書換請求と株主名簿記載事項証明書の発行
　　を請求

株式の譲渡が完了したら，会社に対して株主名簿の書換えを請求します。会社は株式名簿を書き換え，それに合わせて譲受人が株主名簿記載事項証明書の発行を請求します。

(5)　株式譲渡の注意点

①　譲渡価格とその支払い
↓
②　反対株主への対応
↓
③　表明・保証
↓
④　連帯保証
↓
⑤　役員借入金

事業承継を実施する際には，株式譲渡の手法を利用する場面は多いです。事業承継は，資産としての株式の譲渡と経営権の譲渡の2つの点か

ら実施するものです。

　このうち，資産としての株式譲渡については，上記のとおりその手続きは非常に簡単なものです。一般の株式譲渡と同様に株式譲渡契約書を取り交わせばよいからです。ただし，事業承継の場面で，株式譲渡をする場合にはいくつかクリアすべき問題点が存在します。

　①　譲渡価額とその支払い

　株式の譲渡価額は同族会社である場合には，税務上の制限を受けることになります。つまり，譲り渡す側が時価で譲渡しなければならないということです。

　同族会社の場合，所有と経営が一体化しているケースがほとんどで，過去の事業年度において，株主配当や役員賞与の支給などを実施していないことが多く，必要以上に内部留保の金額が膨らんでいることがあります。

　その場合，その会社の株式の価値としての株式評価額は，税法上の純資産評価額法や類似業種比準法で計算すると想像以上に大きくなっていることがあります。外部とのM&Aをする機会は最近増えたといえ，中小企業の場合はまだ一部の会社にとどまっているのが現状です。つまり，中小企業の株式を金銭に変えることは，一般的にはまだ難しいということがいえるのです。

　そのような状況の中，同族株式譲渡の譲渡価額は時価で行わなければならないという税務上の制限があるため，会社外部へのM&A以外の事業承継の場合には買い手や引継先の金銭的な負担が多額になってしまうことも多いのです。

　②　反対株主への対応

　事業承継を前提とした株式譲渡では，オーナーである先代経営者の株式の譲渡については，前述の価額と譲渡代金の支払いの部分がクリアに

なれば問題はありません。

　問題となるのは，事業承継に反対の株主がいる場合です。後継者はそれら反対株主と承継後も対峙していかなければならないことになります。

　過半数以上の株式保有をしていれば，経営権が揺らぐことはありませんが，事業承継を進めるうえでは，事前に整理しておきたい問題ではあります。

　③　表明・保証

　株式譲渡契約において，対象株式自体に問題があるというケースはほとんど考えられません。問題となるのは，算定した株価です。株価は事前の専門家によるデューデリジェンスなどは行われていたとしても，100％の情報が開示されているとは限りません。

　そのような場合，譲受人は不測の損害を被ってしまう可能性もあり，これが後々問題となることもあります。そのため実務上は，対象となる会社に関する財務や法務等に関する一定の事項が真実かつ正確であることを表明し，その内容を保証する旨が譲渡契約書に盛り込まれることが多いです。

　④　連帯保証

　最近では，経営者が自らの会社の借入金について連帯保証をすることは少なくなってきていますが，中小企業の借入れについては代表者であるオーナーが連帯保証人となっているケースはいまだに存在しています。

　そのオーナーが株式譲渡により，会社を売却してしまうような場合，連帯保証を事前に整理しておく必要があります。ただ，それには債権者である金融機関の同意が必要なので，事前に事情を説明し，譲受人のほうで新たな保証人や担保を立てる等の処置をとる必要があります。

　⑤　役員借入金

　中小企業では，資金繰りのために経営者自らが個人のお金を会社に貸

し付けているようなケースは多いです。いわゆる「役員借入金」です。

　会社のオーナーが変わったとしても，会社の債務は残る形になり，この債務をどのように処理をするかは事前に協議しておく必要があります。実務的には，債務免除や債権譲渡，株式譲渡代金での調整など様々なパターンで処理されます。

2　M&Aのプレイヤーとその役割

　M&Aには何人かのプレイヤーが存在します。それぞれのプレイヤーがそれぞれ役割を適切に果たすことによってM&Aは成就します。ここでは，どのようなプレイヤーが存在するのか，各プレイヤーの役割，さらには最終目標であるM&Aによる事業承継がスムーズにできるためのプレイヤーたちに求められる基本的な考え方を解説していきます。

(1)　M&Aにより承継される会社の経営者

　M&Aにより承継される側の会社の経営者は，最終的には事業を引き継いでもらう人になります。中小企業においては，承継される会社の経営者はその会社の大株主であることが一般的なので，経営者としての役割と株主としての役割の2つの役割を持っています。

　経営者としての役割は，M&Aがスムーズにいくように様々な配慮をしなければならないということが求められ，加えてM&A後も経営が継続するように配慮していくというものです。

　これに対して株主としての役割は，どちらかというと売却金額を中心に考えがちになる傾向があります。実はこの経営者としての役割と株主としての役割は，相反的な関係にあるため，M&Aによる事業承継を成功させるためには，経営者自身の心の中で，ある決意が必要だと思いま

す。

　それは，株主としての立場はあまり考えないということです。

　もちろん，M＆Aは経済活動の1つですので，それによって得るお金をすべて度外視してM＆Aをしなければならないということではありません。また，経営者のその後の生活をどう維持するかという問題もあります。しかし，事業承継をするということを考えると，自分自身が獲得するお金の問題の優先順位は低くしなければならないのです。

　著者が実際に関わっている事業承継での失敗の多くのケースでこの金額の折り合いがつかないため起きているのも事実です。

　経営者にしてみれば自分の人生の多くの時間を費やし育ててきた会社を自分が想像している金額よりはるかに低い金額で手放すというのは，納得できないという気持ちも十分理解できます。しかし，それよりも会社や事業を存続させることに優先順位を置くべきなのです。

⑵　M＆Aにより承継する会社の経営者

　次はM＆Aにより承継する側の会社の経営者です。この人が最終的に会社を引き継ぐかどうかを決めることになります。

　継承する会社の経営者は，承継するかどうかを決めるにあたって，最も重要視するのは**引継ぎ後にその会社を継続して経営できるか**どうかという点です。また，経営を継続できたとしたら，その後その買収金額を何年で回収できるかも考慮に入れて判断することになります。

　承継する会社が，現在上げている利益をM＆A後も同じように上げられるかは未知数です。特に中小企業の場合，主要な顧客を経営者自身がコントロールしているケースが多く，経営者が変わった場合には，取引関係が継続するかどうかはわからないことが多いです。買う側の経営者は，それらリスク要因を見極めて判断することになります。

　判断するにあたっての注意点ですが，大企業が行うM＆Aとは異なり投資効率を最優先して考えるのはやめたほうがよいです。

　もちろん採算が取れる見込みのない会社を高値で引き継ぐことはないですが，買収金額だけを基準にして考えると，そもそもM＆Aが成立しない可能性が高くなります。

(3)　仲介会社

　M＆Aの相手を見つけることは，自分の人脈を駆使して行うこともできますが，その方法だと時間がかかることが予想されます。

　時間短縮を主な目的としてM＆Aの仲介会社を利用するという選択肢があります。親族内での承継を除くM＆Aの最初のきっかけを作ってくれる存在としては，M＆Aの仲介会社が一般的です。

　日本M＆Aセンターホールディングス，ストライク，M＆Aキャピタルパートナーズなどの上場している規模の大きな仲介会社から，中小企業を専門に取り扱う仲介会社や業種に特化した仲介会社など規模は様々です。

　それぞれに強みがあり一概にどの会社がよいとは言えませんが，あえて言えばその会社の担当者の能力によるところが大きいといえるでしょう。

　これら仲介会社は売りと買いの両方の情報を持っているため，その情報をもとにM＆Aの相手を探してもらうことからスタートすることが多いです。

　仲介会社の料金体系ですが，これも様々です。交渉をスタートして一定の段階で手数料が発生するところもあれば，M＆Aの成約までは一切手数料はかからず，成約時に資産規模に応じて手数料を請求するというところもあります。

　M＆Aの仲介会社の役割ですが，M＆Aの相手先を見つけるということのほか，M＆A全体のコーディネートの役割を持つこともあります。M＆Aには様々な専門家が関わってきますが，その専門家の紹介や手配，相手方との交渉なども行ってくれるところが多いです。

　それらM＆Aの手続きに関する一切のコーディネートをしてくれるところから当事者は最終的な判断だけ行えばよいという流れになります。しかし，このようなフルパッケージのサービスだとやはりコストは高くなる傾向があるため，その利用は慎重にならざるを得ない面があります。

　また，仲介会社の多くがその手数料をM＆A契約の成約することで獲得することができるという事情から，その会社にあった相手を探してくるかどうかはわかりません。

　成約できそうであれば，M＆A後に会社の経営がうまくいかないと思っていても交渉を進めてしまう可能性は否定できません。これは仲介会社の担当者によるところも大きいので，自社に親身になって相談に応じてくれる担当者を付けてもらうということが最も重要だといえるでしょう。

⑷　金融機関

　金融機関の理解を得なければM＆Aはできません。特に事業を引き継ぐ側の会社，個人にとっては，金融機関との関係性は注意しなければなりません。買収金額を金融機関からの借入金で賄おうとするのであれば，なおさら注意が必要です。

　具体的には事前の相談と協議が必要ということです。**M＆Aで会社を引き継ぐ際にその買取り金額を金融機関からの融資で賄うという場合は，金融機関の判断がM＆Aをするかどうかの判断に直結するため，事前の打ち合わせは特に念入りに行うべきです。**

　また，Ｍ＆Ａをすることに直接的に融資を受けない場合であっても，Ｍ＆Ａの相手先の会社の状況によっては事前に相談が必要な場合もあります。例えば，ある金融機関からの借入れが，事業の承継元と承継先の両社ともあるような場合を想定してみてください。

　どちらかの会社が金融機関の信用枠の限度一杯のような状況であれば，２社が合併した時点でその金融機関からの信用枠をその時点で超えてしまう可能性もあるからです。そのようなケースも含めて，金融機関への事前相談は必須だと認識しておいてください。

　また，金融機関自身が仲介業務を行うこともあります。多くの金融機関は，Ｍ＆Ａ仲介会社である関係会社を持っているか提携している仲介会社があります。そのため，取引金融機関経由でＭ＆Ａの話を持ち込まれるケースも増えてきました。

　会社の経営内容を理解している金融機関からの案件は，規模や業種についてある程度その会社にあった提案をしてくれることが多いです。しかし，経営者として大切なことは，金融機関からの話を鵜呑みにしないことです。あくまで経営者自身の主体的な判断に基づき実施されるべきなのです。

(5)　専門家

　Ｍ＆Ａを実施するに際して，専門家が行わなければならない業務がいくつかあります。ほとんどのＭ＆Ａについて必要な業務にデューデリジェンス（資産査定）というものがあります。このデューデリジェンスを行うのは，大企業の場合は公認会計士，中小企業の場合は公認会計士か税理士ということが多いです。

　デューデリジェンスも様々なものがありますが，最も一般的に行われているのが，財務デューデリジェンスです。これは，相手の会社の財務

状況を把握するため，相手の会社の財務諸表を精査することをいいます。財務諸表の精査は，公認会計士または税理士がその業務を行うことになります。

　公認会計士はともかくとして，税理士はもともと税務顧問契約をしている税理士が存在していることが多いと思います。しかし，このデューデリジェンスについては別の税理士が行うケースが多いです。理由は，その会社の顧問税理士が必ずしもデューデリジェンスができるかどうかはわからないということと第三者的な立場からチェックをする必要があるからです。デューデリジェンス業務は特殊な業務なので，すべての税理士ができる業務ではないのです。

3　M&Aにかかる費用

　通常行われるM&Aと同様に事業承継型M&Aにかかる費用は，そのM&Aの形態や規模によって大きく異なります。無料でできるケースもあれば，数百万〜数千万円かかるケースもあります。また，M&Aにかかる費用の種類はいくつかあります。

- 対象となる会社の仲介手数料
- 株式取得にかかる費用
- デューデリジェンス（資産査定）などにかかる費用
- 税　金
- M&A後に追加的にかかる費用

　ここでは直接的にほぼ無料でできるケースと仲介会社などを通して行うM&Aのケースの2つをご紹介します。

(1)　仲介会社などを利用せず行う事業承継の場合

　仲介会社を利用しない事業承継型M&Aのなかでも，親族内事業承継と親族外事業承継でも費用のかかり方は異なります。

①　親族内事業承継の費用

　親族内事業承継の場合は仲介会社を通す必要はありませんし，デューデリジェンスを実施する必要も基本的にはありません。このケースでは前頁のケイ囲みの株式取得にかかる費用と税金についての検討が必要となります。

　このうち株式取得にかかる経費については，その異動を贈与や相続で行う場合には税金以外の経費は，株価計算を含めた税金計算と税務申告を行う際に税理士に支払う手数料くらいです。税理士に対する手数料は規模や複雑さに応じてかかりますが，多くても数百万程度だといわれています。また，これら資産税や事業承継に対応できる税理士は限られますので，依頼をする場合には注意が必要です。

　株式移転を贈与や相続以外の方法で行うとしたら，第三者に株式を売却するのと同様の方法が採られることになります。例えば親子間であれば，親から子への株式売却や親から子が設立した持株会社への株式の売却が考えられます。

　この譲渡時の株式の売却金額は第三者に売却するのと同じ時価でなければならないため，その株価を算定する手数料がかかります。こちらも税理士を中心とした専門家などによって計算されることになりますが，贈与や相続の計算と異なり税務的にリスクが高くなることが多いのでその手数料は高くなる傾向があります。

　親族内事業承継の費用のうち大きな部分を占めるのが税金です。贈与や相続で株式を異動させた場合は，贈与税，相続税が株式を受け取った側（贈与された人，相続を受けた人）に課税されることになり，株式の

譲渡の場合は所得税と復興特別所得税・個人地方税が譲渡価額と取得価額の差額が譲渡した側（売却した人）に課税されることになります。

贈与税，相続税については，その適用される税率は，金額が大きくなればなるほど大きくなる累進課税制度が採用されています。したがって規模が大きな会社の株式を贈与や相続で引き継いだ場合は，税額が費用の中で最も負担が大きくなることになります。

一方，株式譲渡の場合は他の所得と分離して課税されます。税率は所得税15％，住民税5％，復興特別所得税が基準所得税額の2.1％と一定の税率が適用されます。

② 親族外事業承継の費用

親族外で仲介会社を通さず事業承継型M＆Aを行う場合の費用は親族内承継の場合とそれほど変わりはありません。唯一，デューデリジェンスを実施するかどうかで金額が異なります。

親族外承継の多くの場合は，親族外といっても，まったくそれまで面識のない第三者が引き継ぐケースはまれで，その多くが対象となる会社の役員や従業員というケースが多いのです。

このような場合，経営を引き継ぐ人は会社内部の人間なので，その会社の状況について細かな点も含めて理解しているためデューデリジェンスは基本的に必要ありません。会社内部の人間が引き継ぐケースではない純粋に第三者が会社を引き継ぐケースもあります。

このケースでは，紹介・仲介に入るのが金融機関や同業者団体の集まりで顔見知りのケースが多いです。金融機関が仲介に入るケースでは，この後説明する仲介会社などを利用する場合になり，正規の仲介料の負担を求められることになります。

そのような親族外で会社内部ではない会社の引継ぎのケースでは，引き継がれる会社の財務状態が悪く，救済目的のM＆Aという性格が強く

なることが多いです。救済し最終的に会社を引き継ぐことを考えると，M&A実施の前にはデューデリジェンスを行い，最終決定はその後に行うことになります。

　そうなるとデューデリジェンスに伴う費用が多くなりますが，事業を引き継ぐリスクを考えると実施したほうがよいです。救済の性格を帯びたM&Aでは，このほかにM&A後に追加的にかかる費用が発生するケースが多いので，その部分についてもあらかじめ考えておかなければなりません。実際のケースで説明していきます。

ケーススタディ5　同業者から事業譲渡で役員・従業員と顧客を引き継いだIT企業の場合

　V社の代表者は経営者団体活動にも積極的に関わっており，同業者の経営者たちとも積極的に交流を行っていました。ある日，V社より社歴が長いI社の代表取締役から，I社の役員と従業員の一部と顧客の一部を引き継いでもらえないか，という相談を受けました。I社の顧客は比較的規模が大きな会社が多く，取り扱う案件も大口のものが多かったので，受注単価の増加は大きいという特徴がありました。

　しかし，I社のマネジメントはソフトウエアの製造管理が甘く受注単価が高くても，工期が予定より長くなったり，見積もり段階ではなかった追加機能の要求があったりと致命的な欠点がありました。そのため，徐々に業績悪化。その後，財務的にも経営を継続するのが困難になっていたのでした。

　V社の代表は，経営をスムーズに継続することができるかどうか迷っていたようですが，最終的に引き受けることになりました。M&Aの形態としては，事業譲渡と役員，従業員については転籍という手続きで実施したのです。V社は自社の開発人材も活用しつつI社の案件を引き継

いで採算に乗せられる見込みがあったため，救済的な事業譲渡を行うこととしたのです。

　事業譲渡であれば過去の負債は引き継いだ会社の負担が生じることはないですし，Ｉ社の借入金についても直接的に責任を負うことがないための判断でした。事業譲渡の直後は特に問題が生じるわけでもなく，Ｖ社の代表が考えていたとおりに業務が進んでいきました。

　しかし，半年が過ぎたあたりから，徐々にＩ社の過去の負の遺産が影響することになってきました。それは製造管理に関して生じた問題です。顧客ごと引き受けたのちにソフトウエア開発を続けていたものの，顧客側は従来のＩ社の非効率なやり方を前提に考えていたため，結局，製造に必要以上の時間をとられてしまうことが多くなり，追加的な費用が引き継いだＶ社の負担となってしまったのでした。

　このケースからわかることは，事業譲渡という過去の債務と切り離して事業を引き継ぐ手法を採用したとしても，その経営方針などを踏襲していては結局赤字の事業を引き継ぐことになるということです。

　Ｖ社のケースでは，最終的に案件の管理者をＶ社の社員に完全に切り替えるとともに，顧客にも事情を説明し納得してもらったうえで製造管理のやり方を従来とは変えることで採算ベースに乗る業務に変えていったという経緯があります。

　しかし，そのような状況に至るまでは，時間と費用がかかったのは紛れもない事実です。これらＭ＆Ａ後にかかる費用についても，引き継ぐ前に対象となる会社の内情を把握することで見積もることができます。

　ケーススタディ5 に代表される事業譲渡のケースでは，事業ごとに売却が可能な点がメリットとして考えられます。

　また，事業譲渡での費用は，事業に使用している資産と超過収益力として考えられる「のれん」を合わせた金額が譲渡対価として必要になり

ます。資産の査定はその計算方法が確立されていますが，のれんの金額についてはその事業から生み出されるであろうキャッシュや利益をもとに見積もり計算することになります。

(2)　仲介会社などを利用して行う事業承継の場合

　仲介会社などを利用して行う事業承継の場合は，仲介会社を通さない場合に比べて多くの費用がかかります。仲介会社を利用しない理由として，こうした費用のかかることを避けるためという話をよく聞きますが，金額がかさむという理由だけで仲介会社を利用しないというのは短絡的だといえます。

　事業承継型に限らずM＆Aを行うためには，本来，多くの時間がかかります。最初に相手先企業を見つけるところから始まり，相手先企業の状況の把握，そこから交渉といった具合に，進捗の各段階で時間がかかるのです。

　しかし，仲介会社を利用すると，その時間が劇的に短縮されます。つまり，仲介会社を利用するというのはM＆Aにかかる時間を短縮するためだということになるのです。

　お金で時間を買っているといってもよいでしょう。その短縮された時間を手数料として負担しているとも言えます。

　ところで仲介会社に対して支払う費用としては次のように細分化されたものがあります。また，手数料の名目としてはアドバイザリー報酬という名称がよく用いられます。

図表 3 － 2　M＆A仲介会社の報酬体系

相談料	相談料とは，正式な依頼をする前の相談手数料の費用をいいます。M＆Aをしたいという意向の有無から始まり，M＆Aの目的，対象となる業種・業態，対象となる地域，おおまかな予算金額など，この時点でヒアリングされます。この相談料ですが，現在では，ほとんどの仲介会社では無料です。どの費用にも言えることですが，費用がかかるかどうかを事前に確認しましょう。
着手金	着手金とは，仲介会社に業務を正式に依頼をするために支払う手数料です。相場は，50万〜200万円程度となっていますが，最近ではこの着手金が発生しない会社も数多くあるようです。また，一度支払った着手金は原則として返金されることはないので，こちらにも注意が必要です。
中間金	中間金とは，M＆Aの基本合意契約を締結したときに支払う手数料です。相場は，50万〜200万円程度，成功報酬額の10〜20％の場合もあり，この中間金に関しても発生しない会社もあります。また，この中間金に関しても一度支払われたものについて原則として返金されることはないので，こちらも注意が必要です。
成功報酬	成功報酬とは，M＆Aが成立して最終契約を結んだ後に支払う手数料です。成立しなかった場合には，不要です。 成功報酬の額は，会社や事業の譲渡額を元にレーマン方式と言われる計算方法で決定する仲介会社がほとんどです。レーマン方式はM＆Aの基礎となる金額に一定率をかけて手数料を算出する方法で，金額が大きくなると率は小さくなります。 また，手数料の基礎となる金額は，株価，純資産額，企業価値などいくつかの基準があります。どの基準を採用しているかによっても最終的な手数料の金額は大きく変わります。また各社成功報酬の最低金額を定めており，最低報酬額の相場は500万円〜3,000万円程度といわれています。

　これらの費用をかけてM＆Aをするということは，事業を引き継ぐ側にメリットが存在するからだと考えられます。規模の拡大，シナジー効果，社会的な意義などその理由は様々ですが，多額の費用をかけてまで行う場合には，そのかけた費用をどのように回収していくかのシナリオが必要となります。

　株式の譲渡であれば，譲渡費用に加えてこれらの諸費用が加わることになるので，金額が大きくなり，手持ちの自己資金だけで賄えないことが考えられます。

　その場合には金融機関からの融資を利用することになりますが，その際に必要になるのが承継後の事業計画です。その計画の中でこれら投資資金の回収をどのようにしていくかを明確に示さなければ融資を受けることはできません。事業活動はリスクがつきものですが，事前の計画は必要なのです。

　以上は仲介会社に支払う費用ですが，このほかにかかる費用としては，仲介会社を通さない場合に負担する費用です。よく，誤解されているのがデューデリジェンスについての費用についてです。仲介会社はあくまで仲介をするだけであり，デューデリジェンスをするのは公認会計士，税理士，弁護士などの専門家になります。

　仲介会社を利用したからと言って，その費用を負担しなくてもよいわけではありません。しかし，仲介会社がそれらデューデリジェンスを行う専門家を紹介することはあります。多くの仲介会社は，それら専門家とつながりを持っているため，M＆Aの手続きの流れの中で紹介され依頼することになります。

⑶　M＆Aにかかる費用の税務処理

　上記，M＆Aにかかる税務会計処理は，そのM＆Aの形態や個別の取

引形態，契約形態によって異なります。ここでは，原則的な税務会計処理を説明していきます。

① 株式譲渡

株式譲渡についての会計処理は比較的単純です。すなわち，購入金額と付随費用を有価証券の取得価額に計上すればよいのです。ただし，付随費用のうち一部は税務上損金に算入することができます。

その判断基準は，特定の株式取得を決める意思決定の前か後かで取扱いが異なります。端的に言うと，意思決定前であれば損金，後であれば取得価額に計上することになります。この判断基準は個別の取引の流れによっても異なりますので，判断には注意を要します。

図表3－3　株式譲渡のM＆A費用の税務処理方法

費用の種類	処理方法
M＆A着手金等	損金算入
意思決定前のデューデリジェンス費用	損金算入
基本合意の締結に関連した報酬，仲介手数料等	取得価額に算入
デューデリジェンス報酬・費用	取得価額に算入
M＆A成功報酬	取得価額に算入

② 合　併

合併の税務会計処理は，基本的に被合併会社の資産と負債を時価で合併存続会社に合算するという処理を行います。また，M＆A費用として支払う着手金や成功報酬などの手数料やデューデリジェンス費用については，原則として税務上の損金として計上することになります。

③　事業譲渡

　会社の事業の一部を売買する事業譲渡は，個別資産の受け入れとのれんを原則として資産として計上します。①株式譲渡と異なり資産として株式を認識しないため，付随費用である手数料やデューデリジェンス費用については，原則として税務上の損金として計上することになります。

4　Ｍ＆Ａ後の経営体制と制度設計

　Ｍ＆Ａはそれを実現するためには様々な困難があります。そして，それらの困難を乗り越えるためにお金と時間を使います。しかし，Ｍ＆Ａが本当に成功だったかどうかを測るのは，Ｍ＆Ａ後のその会社の事業活動がスムーズにできているかという点につきます。

　特に事業承継型Ｍ＆Ａでは，事業の継続が一番の目的ですから，Ｍ＆Ａ後のパフォーマンスは非常に重要だといえます。事業活動が順調に進むためには，Ｍ＆Ａの手法の選択を含めＭ＆Ａ実施前にある程度の計画を行っておかなければなりません。

　その計画に基づきＭ＆Ａ後の事業活動を遂行することになりますが，慎重に検討しなければならないのは会社の経営体制と制度をどのように設計するかということです。この経営体制と制度設計は，Ｍ＆Ａの手法によっても異なります。

(1)　株式譲渡の場合

　株式譲渡により子会社化された会社は，株主が変わっただけで会社自体の組織としては従来のまま残っていることになります。中小企業のＭ＆Ａのケースでは，株式譲渡により子会社化されたとしても，経営者は１年から数年の間は，そのまま経営者として残るケースが多いのです。

中小企業においては個々人のつながりで会社経営を行っているため，いきなり経営者を変えてしまうと，業務が進まないことが多いからです。

　取引先にしても，従業員にしても，その人が経営者であるから仕事を続けているという側面はあります。そのため，会社の所有権は親会社に移ったとしても，会社経営は当面の間，従来の経営者に任せることになります。ただし，そのようなケースであっても経営体制は従来のそれとは変わることになります。

　大株主としてもその意向を確実に子会社になったM＆Aの対象会社に伝えるためには，経営に何らかの関与をしていくことになります。そのための方策としては取締役会で経営をコントロールすること，具体的には株主である親会社から取締役を送り込むということが行われます。

　一般的に中小企業のマネジメントは，代表者である社長一人が行っていることが多くありますが，株式譲渡でM＆Aを実施した後には取締役会の決定に基づいた運営に変えていく必要があるのです。

　そのためには，多くの中小企業がそうであるように，形式的に行っていた取締役会は実質的なものにしていくことが求められます。現実のやり方としては取締役会の開催回数も月最低1回以上は必要になりますし，何を議論しどのような決定をしたのかを記録として残す議事録もしっかり作成・保存しておく必要が出てきます。

　当事者である代表者は自分が株式譲渡を決断したということから，これらの対応にある程度適応できるものの，従来から就任している取締役はなかなか適応できずにいるケースも多いです。

　従来から取締役であった者は，それまでの代表取締役のワンマン体制に慣れているため，自ら考え発言し行動する取締役としての役割を理解できない人も多いのです。それら旧会社から取締役だった人については，個別に意識変革を促すようにM＆A前後に話をしていかなければならな

いでしょう。

　また，会社の各種制度については，株式譲渡の場合，親会社のそれに無理に合わせる必要はないため旧会社の制度を引き続き採用している会社は多いです。特に代表取締役が従来のままである間に大幅に変更することはなく，代表取締役が交代または引退するまで時間をかけ少しずつ親会社の制度に変えていくというのが一般的です。特に次の項目の人事制度の変更については，時間をかけていく必要があります。

⑵　合併の場合

　合併の場合は，旧会社はすでに消滅してしまい合併会社にまとまっているため経営体制についても合併会社のそれを利用することになります。しかし，合併交渉の中で合併後の経営体制についても事前に話し合いがもたれるケースが多く，旧会社の取締役や従業員についてどのような処遇で迎え入れるのかは事前に決められています。

　合併後の会社経営を順調に進めるためには，合併した会社の旧取締役や従業員を新しい会社の業務に積極的に参加してもらうことが重要です。

　特に事業承継型M＆Aのケースでは旧代表者が経営の第一線から退くケースが多く，それまで意思決定を行っていた人が変わることになります。そのような状況下でも，従業員のモチベーションを維持し，従来の業績を維持できるようにするにはどのような経営体制がよいかを再検討する必要があるのです。合併存続会社側の経営体制も変える必要があります。

　また，合併後もしばらく旧代表者が会社に残るケースもあり，その場合は合併先にいかに合わせていくかが課題となります。以下はM＆A後に旧経営者が会社を去るケースと残るケースで見ていきます。

① 会社を去るケース

　合併直後に旧経営者が会社を去るケースは，現実的には少ないです。合併が行われた後，経営の引継ぎは実際の経営をしながら行ったほうがスムーズだからです。

　しかし，何らかの理由があり合併後には，旧経営者が会社を去らなければならないケースもあります。その場合は，合併交渉の中ですでに，旧従業員の処遇や取引先の引継ぎについてもある程度条件を詰めて行っていることが予想されます。

　ただ合併前に条件等を詰めていてもなかなかうまくいかないことが起きることは現実にはあります。理由は簡単です。合併交渉は，管理職クラスや現場の従業員には知らされず，旧経営陣などの限られた人によって秘密裏に行われていることが多いためです。

　しかも，合併が決まってから実際の合併までの期間もそれほど多くの時間を割くことはありません。現場が混乱するというのが実際のところなのです。旧経営者が合併と同時に会社を去るようなケースで，その後の会社経営を軌道に乗せるためのポイントは合併前のすり合わせをいかに丁寧に行っているかに尽きるといえます。

② 会社に残るケース

　合併と同時に旧経営者が会社を去るケースとは対照的に旧経営者が決められた期間会社に残り，経営を引き継ぐケースです。M＆Aの現場では，こちらのケースがほとんどです。

　こちらのケースで会社経営を引き継ぐ場合，まず必要なことは会社の意思決定のプロセスを明確化することです。従来，代表取締役であるオーナー社長が一人で決めていた事項は，すべて引き継いだ会社の経営陣に委譲することになります。具体的には合併会社の取締役会が機能することが求められるでしょう。

　旧経営者が合併会社の代表取締役または取締役で残っていると，旧経営者も合併会社の取締役会の構成員となります。旧経営者は，今まで一人で意思決定していたものが，合併後は取締役会で決められたことが経営の意思決定であることを認識する必要があるでしょう。

　この新たに組織された取締役会ですが，その運営方法については取締役会規程などで明確に定めておく必要があります。合併会社においても取締役会規程は存在しているところは多いはずですが，旧経営者を含めた取締役会として機能させるために現実に則した新たな規程を設ける必要があるのです。

　また，取締役の役割についても新たに決めておく必要があります。職務分掌という概念はあまり馴染みがない中小企業も多いかと思います。合併し規模や支店や営業所，部門が増えると，誰がどの部門を所掌するかを決めその責任を明確にする必要があるのです。取締役会による経営を遂行することは，たとえ旧経営者が引き継ぎ期間を終了し退職した後でも続けるべきです。

　経営は合併し経営が軌道に乗った後も続いていきます。合併し会社を承継した経営者たちもいずれは次の代の経営者を育てていかなければなりません。そのためには，取締役会を中心とした組織を作りそれが会社経営を担っていく体制を継続していく必要があるのです。

ケーススタディ６　同業者同士の事業承継目的の合併による取締役会と取締役の役割分担

　ケーススタディ２および４でも紹介した事業承継目的で合併したＳＡ社の経営組織の構築は合併後に事業の整理も行ったという点で興味深い事例といえます。ホールディングカンパニーであるＳＡ社は，販売会社

であるＳＡ商事を子会社として組織を分け経営をしています。役員の就任状況と所掌であるが，承継をした会社の代表取締役はホールディングカンパニーＳＡ社の代表取締役と販売会社のＳＡ商事の代表取締役に就任し，経営全般と販売活動全般について担当しています。

　承継した会社の旧代表者は，ホールディングカンパニーの取締役でグループの財務を担当するという人事を行っています。この人事は双方の得意分野を担当することによって相乗効果を期待してのことでした。

　さらにＳＡ社には販売会社であるＰＡ社が子会社として存在していましたが，こちらは旧Ａ社からのプロパー社員を代表取締役としておいて経営を行っています。グループ全体の方向性については，ホールディングカンパニーの取締役会で議論し，それぞれの事業会社の経営はそれぞれの代表者が責任をもって行い，それぞれが所掌している分野についても責任が明確になるような組織構成となっています。

　ケーススタディ6 からわかることは，それぞれの所掌を明確にし，責任の所在もあらかじめ決めておくことが重要であるということです。会社が合併すると，組織が大きく複雑になり企業統治があいまいな状態になりがちです。特に中小企業では，その傾向が顕著であるため，Ｍ＆Ａ前後にはこの組織形態についてもあらかじめ計画しておくことが，その後の会社経営をスムーズに行うためにも必要なことなのです。

(3)　事業譲渡の場合

　事業譲渡の場合，組織が変更になるということはありません。事業譲渡では，事業を譲り受ける会社にある会社の1事業がそのまま吸収されるだけで組織的な変更はないのです。そのため，事業を譲受した会社の経営体制をそのまま維持して経営をしていくことになります。

　事業譲渡の組織的な課題を考えると，その事業譲渡が従業員の異動を含むものかどうかでその対応が変わってきます。事業譲渡の中でも，人の異動がなく事業や資産だけが異動するものでは，譲受会社の社員からその事業を統括する責任者を配置し，その下に現場の業務を行う従業員を配置すればよいだけです。

　反対に人の異動を伴う事業譲渡の場合，合併と同様にその事業に携わっていた異動してきた従業員から管理者を配置するのと同時に譲受会社からも管理するものを配置する必要が出てきます。譲り受けた事業の規模によりますが，イメージとしてはその事業に関わるマネジャクラスと役員クラスをバランスよく配置させることになります。

5　人事と従業員モラル向上

　グループ外会社との合併など組織文化が異なる会社がM&Aで統合したり，子会社化する場合，役員や従業員間のコミュニケーションに齟齬が生じる場合があります。特に合併された会社や子会社化された会社の役員や従業員は，自分たちの立場が弱くなったと感じ，意識的または無意識的に新しい経営体制に反抗的な態度をとることがあります。

　このような状況はあらゆる場面で発生しており，これを防ぐ対策は一朝一夕に講じることはできません。一般的には，時間をかけて双方の考え方や価値観の違いを認識し，理解することからはじめることが大切です。

(1)　不安を与えないための対策

　事業承継型M&Aを実施する際に，経営者側が特に留意しなければならない点は，従業員の不安をいかに緩和させるかということです。M&

Ａを実施するということがわかったその瞬間から，従業員は不安を感じるものだということを理解しておく必要があります。

　人は現状が変化することに極端に不安を覚えるものです。どんなに周到に準備していたといっても，その不安が解消されることはないのです。少しでも不安を与えない準備と配慮は欠かせません。

①　Ｍ＆Ａを知らせるタイミング

　事業承継型Ｍ＆Ａの場合，数年前から業務提携などを通じて一定の関係性を保っていき，株式の一部譲渡など段階的な手順を経て本格的なＭ＆Ａを実施するという過程を経ることが理想的です。

　その過程の中で従業員も相手の会社について認識し，おぼろげながらも将来のＭ＆Ａを予想することができる雰囲気ができてきます。そのような雰囲気が醸成された後に本格的なＭ＆Ａをすることにより，ある程度の不安を和らげることができます。

　しかし，現実的には，数年前から計画的にＭ＆Ａを行うケースばかりではありません。交渉開始から数か月で実施されることも少なくないのです。その場合，従業員にＭ＆Ａの事実を知らせるタイミングとしては，直前にならざるをえません。Ｍ＆Ａの交渉段階では役員など会社のコアになるメンバーにだけその事実を伝え理解を得ておき，一般の従業員にはその事実を伏せたまま交渉するのがほとんどです。

　なぜなら交渉段階でＭ＆Ａの事実が従業員に伝わると，いたずらに不安をあおること，情報管理の面でのリスクが懸念され，結果としてＭ＆Ａ前に従業員の大量退職の可能性も考えられるからです。Ｍ＆Ａ直前にその事実を知らされた従業員は少なからず不安を覚えることになります。

②　不安を緩和するための方法

　まず不安を緩和させる役割を担っているのは，主に合併であれば合併存続会社の経営者，株式譲渡であれば譲受会社の経営者です。これら経

営者は，事前に対象会社の経営方針を理解しておく，対象会社の企業風土を把握しておく必要があります。

　M&Aの実施についてはお金のやり取りが大きなイベントと感じている人も多いと思いますが，組織の統合という側面が最も重要な点なのです。その点を考えると，交渉期間が短い場合には，特にこれらの点を理解しておく必要があります。

　また，譲渡する側の旧経営者は，それら情報の伝達と人事制度などについての引継ぎを念入りに行う姿勢が求められます。従業員の規模にもよりますが，可能な限り一人ひとりと個別面談等を通じて説明し理解を得る必要があります。この部分をどれだけ丁寧に行うかによって，従業員の不安の緩和の度合いが決まるのです。

(2)　M&A後の人事制度

　従業員にとって，人事制度は処遇決定の最も重要な仕組みです。M&A後の人事制度統合とは，別々の人事制度のもとで業務を行っていた会社同士が買収・合併した際，それぞれの人事制度を統合して，一つの事業体として円滑に業務を遂行できるようにすることです。これは統合プロセスの一部であり，多くの場合，M&A交渉段階である程度のすり合わせを行い，統合後の人事制度はあらかじめ決めておく必要があります。

①　人事制度統合の戦略

　M&A後の人事制度統合を考える前段階としてM&Aでどのような会社にしたいかをビジョンとして想定するところから始めます。会社のあるべき姿を考え，そのためにM&Aを行うのですから，その一連の流れの中で人事制度の統合も考えることになります。

　人事制度を具体的に考える際のベースとなるのは，就業規則です。就業規則は合併の場合であれば，合併存続会社と合併消滅会社のそれぞれ

に存在しており，制度的には合併存続会社のものが合併後に適用されることになります。しかし，M＆Aを実施することで会社自体が変わることから，M＆Aを機に根本から見直すことも考えるとよいでしょう。

実際，中小企業の場合は，過去に就業規則は作ったものの，その後の法改正や実情に合わせた改訂などを行っていないケースが多いため，時代遅れ，法的に問題のある規則のままというのが多いのです。

労働時間や休日など従業員の働く環境，給与・賞与や退職金などの処遇面，人材の育成や採用方針，さらには評価制度をどのように導入するかなど，あらゆる面についての検討をしていきます。M＆Aでは複数の人事制度を持つ会社が一つになるので，承継する人事制度をそのまま採用するのか，両方の人事制度を混ぜるのか，あらたな人事制度を作るのかを明確に決めておく必要があります。

現実的には，従業員の待遇面では，現状より不利な改正はできないため，両方の会社の従業員にとって有利な制度を採用していくという方法をとることが多いです。従業員の立場からすると環境の変化はないほうがよいのですが，M＆Aを契機として労働条件がよくなるのであればある程度の納得感を得ることはできるでしょう。

反対に無理に従業員に不利な条件になるような就業規則にすると，従業員のモチベーションは下がるため，その後の会社経営に悪影響を与えることになります。

② 統合後の実際の人事

統合後の実際の人事についてもM＆Aの交渉段階である程度検討している事項です。特に役員をどうするのかという部分については，事前に決めておかなければなりません。

その場合の役員人事ですが，理想を言えば適材適所に人員を配置するということになります。しかし，M＆Aの場合では承継される会社と承

継する会社の役員をバランスよく配置することに重点が置かれます。いわゆるたすき掛け人事もよくみられるものですが，バランスをとるという点では必要な方法だと考えられます。

　中小企業の事業承継型M＆Aにおいて大切なことは，最終的な意思決定をどこで行うかを明確にしておくことです。中小企業の役員会は形式的になりがちで，開催すらされていないこともありますが，合併などで新たに取締役となる人がいる以上は，きちんと取締役会などを開催して意思決定を行わなければなりません。

　そういう意味では，**事業承継型M＆Aで重要なことは，M＆A後のガバナンスの確立**ということができるでしょう。中小企業においては代表取締役が大株主であり意思決定は一人で行うことができます。しかし，事業承継型M＆Aにおいては，多くの場合，一人で決めることはできません。株式会社に設置される機関を通じて意思決定することが求められます。

　また，その意思決定の過程や結論についてもしっかりと文書で残しておく必要があります。具体的には議事録の作成が不可欠です。

　従業員の人事についても，M＆A後に変動することもありますが，こちらもバランス重視ということになります。特に注意しなければならないのは，管理職クラスの人事です。現場を取り仕切っている管理職をどのように配置するかについては，M＆A前にあらかじめシミュレーションなどしておく必要があるでしょう。

　③　人事制度の段階的移行

　M＆A後の人事制度の段階的移行とは，M＆A後に一気に新制度に移行するのではなく，中間的な制度を一時的に採用して徐々に移行していくということです。合併や買収の場合，それぞれの会社の従業員は旧会社の人事制度のもとで労働していたので急に人事制度を変えてしまうと

トラブルが起こる恐れがあります。

　特に待遇面での変化について従業員は敏感であるため，ここを急に変えることは事実上難しいです。いったん，移行措置としての期間を置くべきなのです。例えば労働時間が異なるケースも最近では目にすることもあります。ライフワークバランスという思想から，中小企業においても労働時間を短くしている会社は存在します。

　例えば，1日の労働時間が7時間と短く規定している会社と8時間としている会社が合併した場合，最終的には7時間労働に合わせることになりますが，合併を機に一気に短くできないケースもあります。そのような場合，2〜3年かけて段階的に労働時間を短縮するという措置も考えられます。

　また，場合によっては旧従業員についての人事制度は旧制度のそのままにし，新入社員から新しい制度で運用するという方法も現実的な方法として考えられます。

　ただし，その場合，2つの旧制度と1つの新制度という3つの人事制度での運用となるため人事管理という点では複雑になるというデメリットもあります。しかし，管理面のデメリットがあるとしても，最も重要なことは従業員の理解を得ることなので，この3つの制度で運営をするというのも一つの選択肢となりうるでしょう。

⑶　従業員のモラルの向上

　会社の経営者であれば，いかに従業員のモラル向上を実現するかということに心を砕いている人は多いはずです。従業員のモラル向上は，間接的には会社業績に影響を与えることから，会社経営を考えるうえでも重要な位置を占めると考えられています。

　M&Aの際には，従業員の置かれている立場はそれ以前までのものと

は少なからず変わります。特に合併では合併消滅会社，買収では被買収会社の従業員はそれまでの労働環境が将来にわたって保証されているわけではないので，非常に不安を覚えるはずです。

　事業承継型M＆Aを成功させるためには，これら従業員のモラルをいかに維持させるかがポイントになるといっても過言ではありません。

①　労働環境

　まずは労働環境ですが，これは極力，従来のそれは変わらないように配慮することが必要です。働く場所，時間，内容が変わるとそのことに適応できないため退職するという従業員は増えていきます。

　事業承継型M＆Aでの主な目的は事業の継続です。事業の継続とは言い換えると雇用の継続でもあるので，退職者が出るような労働環境の変化は行うべきではないはずです。やむを得ず労働環境を変える場合でも，その変化は最小限にすることが必要です。

　また，新たな経営者との直接コミュニケーションを増やすことも重要です。新経営者は，M＆A後には少なくとも数回は従業員との直接対話の場を設けて従業員一人ひとりの事情を把握すべきなのです。

②　報　酬

　報酬についても十分な配慮が必要です。一般的なM＆Aの場合，不要部門の整理により経営効率を上げるため，一部従業員のリストラも計画に織り込まれるケースもありますが，事業承継型M＆Aの場合，効率化は目指すものの雇用の継続はM＆Aの主目的になります。

　そのためM＆A後に従業員の報酬額を下げるということは行うべきではありません。従業員の報酬はM＆A後にはできるだけ上げること，最低でも現状維持を考えるべきです。もちろん財務上の制約もあることから一律に上げることは難しいとしても，将来的には昇給ができるようなM＆Aを目指すべきです。

③ 人事交流

M＆A実施直後はすでに説明したとおり，極力，従来どおりの労働環境や報酬を維持すべきです。しかし，それをその先も継続して行っていたのでは，組織を一つにした意味がありません。ある程度の時期には，承継された会社から承継した会社への人事異動が必要になります。

人事交流を行うことによって，新たな企業文化の構築を図るというのが狙いです。この人事交流についても，その人選には気を付けなければなりません。ある程度，勤務成績がよく環境の変化に臨機応変に対応できる従業員を選ぶべきです。また，人事異動に際して，経営者からその人事異動の趣旨も事前に説明しておく必要もあるでしょう。

コラム　コストに執着する経営者たち

　コストを意識しない経営者はいないと思います。会社経営はいうまで
もなく継続していくことが大前提で，そのためには適正な利益の確保は
至上命題です。世の中に"利益を確保するため"の方法を教える書籍や
インターネットの情報はあふれています。どうしたら利益を確保できる
かは，経営者にとって重要であることは容易に理解できます。

　具体的に利益を獲得する方法は，2つしかありません。すなわち売上
を増加させるか，経費を減少させるかです。この2つのうち売上を増加
させることは，難易度が高いです。市場には競合相手があり，経済状況
も変化し，自社の供給システムも整備しなければ売上を増加させること
はできません。売上を増加させるのは至難の業なのです。

　これに比べ経費を減少させることは，前者より容易にできると考えら
れています。会社のオペレーションの中の不要な経費を削減したり，必
要だと考えられる経費でも単価や頻度等の見直しにより削減することは
比較的簡単なのです。

　本書で取り上げている事業承継が必要な会社の経営者は，継続的に利
益を計上することができている人たちばかりのはずです。なぜなら，長
い期間会社経営を継続できているということは，継続的な利益の裏付け
がなければ不可能だからです。そういった理由から，事業承継が必要な
会社はある程度利益を継続して計上できている会社が多いのです。

　繰り返し言います。利益を確保するためには，売上を上げるか，経費
を下げるかしかありません。

　本書の対象となる会社の経営者はこの2つのことを同時に達成してい
る方が多いです。特に，著者の経験上，社歴が長い会社ほどコスト意識
が高い経営者が経営を担っており，しかも，その理念を組織全体に浸透
できているため，会社全体でコスト削減に取り組んでいるところが多い

と思われます。

　つまり，事業承継が必要な会社は，コスト管理ができているところが多いのです。コスト管理を経営者が意識し，それを組織全体に浸透させるという一連のオペレーションは会社経営にとって大変重要なことで，多くの経営者が行動規範とすべきでしょう。コスト管理は会社の継続性を担保するためには必要不可欠なのです。

　しかし，この素晴らしい行動規範が事業承継，特にM＆Aの手法を利用する事業承継においては，ボトルネックになることもあります。本編で取り上げたとおり，いくつかのM＆Aでは，その手続きの過程でかなりのコストが生じることになります。

　このコストというのは，実際の現金の支出，検討過程における時間の費消，さらにその検討過程で得ることができるはずだった機会損失等です。これらM＆Aに直接，間接にかかるコストは，それまでコスト管理を徹底してきた経営者にとっては耐え難いものであることは容易に想像できます。

　つまり，M＆Aを実施する費用と時間をかけるくらいなら，日常業務を続けていたほうがよほど利益を確保できる，と考えるのです。経営者の立場から考えると，そのような思考になるのは当然のことです。会社経営を始めて数十年来しみついてきた利益を上げるための素晴らしい行動様式を簡単に変えることはできません。

　しかし，このような思考パターンではM＆Aを利用した事業承継は少しも進んでいかないのも事実です。個人的には，事業承継型M＆Aがいまひとつ件数が伸びない理由の１つには，このような業歴が長い会社の行動規範が影響していると考えています。このような状況を変えるために必要なことは，経営者たちの意識の持ち方を変えるしかありません。

　人間は，得をすることよりも，損をしないことのほうに価値を感じるものですが，M＆Aが損すると感じないような思考が必要になると思われます。そのためには事業承継が自分にとってどのような意味があるか

を考えてみるのがよいでしょう。単純に損得の話なら，自分が死ぬまで経営者として生きていけばよいですが，人間の生きられる時間は有限です。

　思考を変えることは非常に難しいのはわかりますが，事業承継型M&Aのコストをコストとして考えない思考法はあります。お金の支出は，会計的な処理としては二通りあります。すなわち経費として処理する方法と資産として処理する方法です。経費はコストそのものなので支出してしまえば，その効果は短期間でなくなるものです。

　これに対して資産はその支出の効果が長期間続くもので，一般的には投資とも呼ばれます。M&Aの支出を過大なコストとして感じる経営者たちは，その支出を投資として考えるべきです。その支出の効果が長期間持続する投資は，その経営者が作った会社や事業を自分の寿命以上に延ばすことができるためのものなのです。

　M&Aの場面では，コストへの執着と同様に経営者の買収金額へのこだわりも事業承継型M&Aを阻害する要因となっているようです。著者が実際に関わった案件でも，M&Aにより事業承継をしたいと考えている経営者は多いため，実際に交渉段階まで進むケースもそれなりの件数は存在します。

　しかし，その交渉段階で話がまとまらないケースが相当数あるのです。交渉がまとまらない理由は様々ですが，最も大きな理由は，双方の想定する買収金額に乖離があることです。もちろんM&Aは交渉事なので，金額の相違については交渉の中で解決していけばよいものですが，こと事業承継型M&Aについては金額の乖離があった時点で交渉がストップしてしまうケースが多いです。交渉を打ち切る際にこんな言葉を聞いたことがあります。

　「自分の人生のほぼすべてをかけて作り上げた会社を〇億円で売ることはできない」

　経営者個人としての気持ちは理解できるものの，事業承継が前提にあ

るM＆Aにおいて，買収金額を条件の最優先事項に考えるのは疑問が残ります。一般のM＆Aにおいては，純粋な売買取引としての性格が強いことから，買収金額は条件の中でも重要な位置を占めることは理解できます。しかし，会社や事業を残す，つないでいく事業承継型M＆Aでは，買収金額の重要度を下げて考えなければならないでしょう。

　現に本編でも取り上げたケースのほとんどが買収金額については，大きな金額になっていないものばかりです。事業承継ということを考えると，事業を譲り渡す側の経営者が受け取る金額は，その後の生活に困らない程度は必要ですが，売却金額を最優先して考えるのは，やめたほうが良いです。むしろ，その後の自分の人生を考え，自分自身がその後どのように会社に関わっていけるかを優先して考えたほうが良いのではないでしょうか。

　具体的には，完全に引退するのは自分の人生を考えると寂しいので，ある程度の期間役割を残してもらうといったことを，M＆Aの実施する際の条件に加えることはできるはずです。M＆Aの条件の取り決めは，双方が納得すればよいので，自由度は高いのです。

　M＆Aのコストや買収金額にこだわりすぎると，事業承継はできないまま時間だけが過ぎていきます。目的は円滑な事業の承継です。事業承継を"M＆Aのススメ"に従って実行する理由がそこにあるのです。

▶▶▶ 第３章のまとめ

- M＆Aの手法は数多く存在するが，事業承継型M＆Aの場合に用いられる主な手法は合併，株式譲渡，事業譲渡の３つである。

- M＆Aの手続きの流れは，その手法により違いがあるものの，どの手法でも重要とされるものにデューデリジェンスがある。

- M＆Aの実施については，そこに参加するプレイヤーがそれぞれの役割を果たすことが求められる。それらプレイヤーとは，経営者と株主，仲介者，金融機関，専門家である。

- 事業承継型M＆Aにかかる費用は主に手数料と税金だが，親族内承継の場合と親族外承継の場合によっても大きく異なる。また，手数料の金額は大きくなる可能性があるが，金額の大きさとM＆Aの成功は必ずしも一致しない。

- M＆A後の経営体制と制度設計はM＆A実施前から検討しておく必要があり，そのことがM＆Aの成否を左右するといっても過言ではない。

- M＆A後の人事体制の構築において，従業員の待遇を優先に考えるべきである。特に事業承継型M＆Aでは，この部分に対する丁寧な対応を考えるべきである。

- M＆A後の企業文化の醸成については，拙速に行ってはならず時間をかけて行うことが必要である。

Ｍ＆Ａの経済学

1　歴史はなぜ変化するのか？

　私が学部最終学年で卒業を1年延期して，私費留学した1982年の**英国グラスゴー地域の成人男子失業率は30％**を超えていました。

　その理由は，後述するグラスゴー大学のJ・ワットが発明した近代蒸気機関を応用した造船業で世界の覇者となった英国は，その後，猛烈な学問・勤勉・投資で新興工業国であるアメリカ・ドイツ・日本に抜かれたからです。その結果，同市に栄えたクライドリバー沿いの造船地帯は完全に消滅しました。

　最悪なことに，ドイツはこの自信と根拠をもとに英国に25年間で二度も宣戦布告しました。二度目にはドイツと同盟した日本も英国に宣戦布告しましたが，両国は英国の同盟国である新興工業国である米国に敗れました。けれども，ドイツと日本の敗戦後の工業復興はめざましく，鉄鋼・造船・自動車で世界トップの地位を得ました。

　今日の英国の産業衰退は明白です。ロンドン市内の金融と不動産の高付加価値化と，フィッシュ＆チップスのおいしいパブや歴史的名城を核とする地方観光によって何とか体面を維持していますが，新型原子力発電所の建設を技術のフランスと資本の中国に依存し，英国の自動車産業はドイツBMWとインド財閥に買収され，国有鉄道の車両から信号運行システムまですべての更新を日立製作所に任せました（総額1兆円！）。

　しかしながら，すべての鉄道システムを明治初期に英国から学んだのは，日本なのです！　それからたった140年でこうなってしまいました。

　筆者の留学当時から見るとわずかに100年前の事実です。

(1)　歴史を変化させる要因……産業構造

　時間の概念を導入する動学経済学（「経済動学：経済諸変数（利子・通貨・為替など）の異時的因果関係によって生起する，時間の経過にともなう経済変数の特例を解明することを目的とする研究（世界大百科事典第二版）」以上を，世界で初めてオーストリアのシュンペーター教授が1908年に『理論経済学の本質と主要内容』で明らかにした）の観点から，過去40年間にわたって経済社会を観察してきた中で，筆者は歴史が**一定の法則**をもって変化する，という考えに至りました。

　技術と産業構造の変化を追えば，ある程度，客観的な両者の相関関係が存在します。すなわち，技術と産業構造の変化は社会政治体制に強い影響を及ぼすとともに，社会政治体制が大きく変化すると当然，経済市場は変化せざるをえません。そうなると企業経営もまた変化しなければならず，結果的に産業構造はさらに変動（高度化）する，というものです。

　こうした考えに至った理由を，この200年の間に起きた歴史的変化から説明します。それは，18世紀末におきた技術と経済構造における大変化についてです。それらが結果的に二度の世界大戦を引き起こし，世界の社会経済のきわめて大きな変動をもたらしました。

　こうした事例は，発端がずいぶんと遠い昔のように感ぜられますが，実は2世紀が過ぎた今日まで影響を受け，また続いている変化なのです。

　現在起きているウクライナ戦争は，この延長線上として理解されます。というのも，ＮＡＴＯ兵器を駆使するウクライナに対してロシアの軍事的な敗北に次ぐ敗北の結果，小規模な戦術核の使用をチラつかせています。これが使用された場合，ＮＴＡＯは通常戦力でロシアを攻撃すると警告しており，結果的にロシア対ＮＡＴＯ＝第三次世界大戦に発展する可能性を否定できません。

　どうしてこのようなことになるのかについては，歴史が繰り返して変化する法則性への理解が欠かせません。

　理念で歴史が動くのではなく，技術と産業構造の変化が，社会経済体制を変化させ，その結果，企業や経済運営も変わると筆者は考えています。

　18世紀後半，北米植民地の宗主国であった英国に対して，アメリカ合衆国が独立を宣言した1776年の7年前にあたる1769年に，英国グラスゴー大学でジェームズ・ワット青年（当時は大学雇用の技手）によって発明・実用化された蒸気機関は，帆船を蒸気船に換え，馬車を機関車へと変えました。

　さらには，炭鉱用の排水施設や綿織物工場の動力化にも応用され，英国の国内鉱工業生産能力は飛躍的に高まり，19世紀に入ると英国は「世界の工場」と呼ばれるまでに至りました。現在の中国も同様のプロセスにあります。

　このような一連の産業革命が，英国のみならず世界経済社会のあり方を一変させたことは言うまでもありません。世界市場は最短の日数で結ばれ，大規模な蒸気を動力とする鉄鋼製の海軍艦隊が世界中どこでも駆けつけられるようになりました。その結果，欧州列強によるアフリカ・アジアの急速な植民地経営が始まったのです。

　また，19世紀末の冷凍船開発は，アルゼンチンで育った大量の牛肉を鮮度そのままに欧州へ輸出可能にしました。その結果，欧州の食卓が一変したことは言うまでもありません。

　これもテクノロジーが経済社会に及ぼす極めて大きな変化と，わたしたちの生活スタイルまで一変させる端的な歴史の実例です。1853年のアメリカペリー艦隊の江戸湾来航も，蒸気機関が英米にもたらした産業革

命の必然でした。

けれども，今から120年ほど前の1900年頃，産業革命に先行した英国製の機械を中心とする製造業製品は圧倒的な品質のドイツ製に凌駕され，英国の貿易相手国の60％はドイツとなり，その大半はドイツから英国への機械輸入が占めるようになりました。

こうした工業力の圧倒的格差が，第一次世界大戦におけるドイツ皇帝の対英宣戦布告に決定的な影響を及ぼしたことは言うまでもありません。

工業先進国とこれを追う国の重化学工業化プロセスにおける生産力格差と均衡点からの逆転が，世界大戦の引き金となりました。これは歴史の必然であり，21世紀にも通ずる一定の運動法則といえます。

さらには，第一次世界大戦が終結した1919年からわずか12年後の1931年，ドイツ国内総選挙でヒトラー率いるナチス（国家社会主義ドイツ労働者党）は第一党となり，政権を奪取しました。

公正な国民選挙を経て熱狂的支持を得ながらドイツ首相に選ばれたヒトラーは，その後，次々と政敵を強制収容所に送り排除しながら自らを「総統」と称し，1939年にポーランドに侵入してその同盟国である英国から宣戦布告を受ける事態に陥りました。それは，ベルサイユでドイツが降伏した1919年からわずか20年後にすぎません。

そして，第一次世界大戦終結から26年後にあたる1945年4月29日，ベルリン大本営から数百メートルの地点までソ連軍が近づいた時，地下壕内で部下に見送られながら新妻とともにヒトラーは拳銃自殺しました。在任わずかに13年にすぎない出来事でした。第二次世界大戦で日本を超える被害を空襲と本土地上戦を経験し，二度の世界大戦敗北を経験したドイツは，もはや再生不能と思われました。

ところが，1945年の第二次世界大戦終結後，戦後復興過程における拡大する民間消費財分野で世界市場を勝ち得た勝利者は，皮肉なことに第

二次世界大戦の敗戦国であるドイツと日本でした。

　なぜなら，1945年のドイツ敗北と占領政策から決定的になった米ソの対立は，1950年に朝鮮半島で火を噴く現実の流血戦争にまで発展し，米ソ両大国は国家の威信をかけ相互がいつ第三次世界大戦にまで至っても不思議がないほどの緊張対立に至りました。

　その過程で，米ソ両国は，過酷な冷戦を勝ち抜くために大陸間弾道ミサイルや原子力潜水艦に代表される兵器産業に国家資源を大規模に集中投下しました。その結果，ＴＶやラジオに代表される安価な民生消費財の市場における生産とイノベーションは米ソ両国で非常に手薄となり，ここに安全保障負担が極端に少なくなった敗戦国ドイツと日本の産業界は集中的な投資を行い，西側とくに豊かな米国市場を席巻しました。

　だからといって，新規の投資だけでドイツと日本の産業界が単純に蘇ったわけではありません。自動車産業が特異的に日本とドイツで今なお世界を席巻していることは明白ですが，それには技術が産業構造の変化に及ぼす顕著な理由が存在します。

　日本とドイツは第二次世界大戦前から兵器生産のための製造技術をかつてないほどに蓄積しましたが，敗戦によって軍需から民需へと産業構造を転換せざるを得なくなったため，それまでの軍事用航空機，戦車，軍艦建造に投じられた高度技術と人的資源は，民生用市場に向かわざるを得なくなりました。

　例えば，ドイツ空軍の二大主力戦闘機であるメッサーシュミットＢf109とフォッケウルフＦＷ190に搭載されたエンジンは，それぞれメルツェデスベンツ社製水冷エンジンとＢＭＷ社製空冷エンジンでした。

　今日，ベンツとＢＭＷ社製の乗用車を世界中で知らぬ者はいません。同様に，帝国海軍の零式艦上戦闘機（三菱重工製）と帝国陸軍の四式戦疾風（中島飛行機製）に搭載された世界的な名器として知られる空冷エン

ジン「栄」と「誉」は，それぞれ中島飛行機製（現在の富士重工スバルおよび過去の日産プリンス）でした。つまり，優秀な戦闘機エンジンを開発したメーカーが，戦後，世界的な自動車メーカーになり得たのです。

こうした民需転換は，戦艦から石油タンカーへ，航空機から自動車へ，レーダーからテレビ・ラジオへの変化において顕著でした。ＳＯＮＹもまた元帝国海軍向けの電子部品企業が母体となり，共同創業者である盛田昭夫・帝国海軍技術中尉や後に社長となる岩間和夫・帝国海軍技術大尉らが参加した，戦後初の海軍発テクノロジーベンチャーです。

20世紀の終わりに近づいた1990年にベルリンの壁が崩壊し，米ソ間で争われた東西冷戦が終焉を見た後，東側の市場と同様に西側の市場もまた大きく変化しました。それが世界的な規模で現代経済社会と企業経営のあり方を大きく変えたのです。

冷戦崩壊によって，それまでに米国で極秘裏に開発されてきた核戦争でも生き残るための非常時の戦時通信手段である秘密兵器インターネットは，1990年以降，米国企業に有利な形で一般民生分野への商用開放が加速化しました。その後30年ほどで，携帯電話網にインターネットが結合した世界的なＩＣＴ製品の普及が，Ｅコマース・Ｅ株式取引を加速化し，現在のＡＭＡＺＯＮに至っています。

このような状況は，1世紀前の英国対ドイツの図式から，1世紀遅れで再び日本・西側対中国の図式へと変化しています。どちらも対立の構造はまったく同じです。というのは，日本や西側諸国が中国製造業に過度に依存することによって，中国は世界の工場となり強大な軍事力を形成しつつあるからです。

現実に習近平主席の掲げる「中国製造強国2025」は現実味を帯び始めています。その結果，西欧の直接投資と技術移転によって蓄えた豊富な

工業力をもって，中国は元来が「陸の大国」であったのに加え，「海と宇宙の大国」を現在目指しています。

　2022年に入り，中国は世界でも米・露に次ぐ３隻の外洋型大型空母を有して世界第三位の海軍力と，有人宇宙ステーションを独力で開発製造し，打ち上げ運用にも成功しています。このことは，１世紀前に起きた英国とドイツの工業力不均衡とドイツの大海軍力形成，そして第一次世界大戦の引き金となったことと＜同様の運動法則＞を見いだすことはさほど困難ではないように見えます。

　つまり，歴史を大きく変化させる背景に経済力の不均衡が存在することは，自明です。

　特に，①自らの国民を飢えさせない国内農業，②他国に依存せずに国内供給できる製造業，③これらを支える自給可能なエネルギー産業は，直接的な国の安全保障に関わる三大条件といえます。こうした条件の大幅な不均衡は，結果的に戦争という国家対立を招く直接的原因となることは，以上の歴史から容易に学べることなのです。

　それゆえに，一定の国防力を国内に維持することを所与として，他国に依存しすぎない安定した産業構造を国内で維持発展させることは，他国の挑戦から自国を守るための＜国家存続基盤＞といえます。

　だからこそ，優れた技術と人材を有する地域の中小企業をこれからも惜しみなく支援しなければならないのです。まさに，古代ギリシアの哲学者プラトンが述べた「平和を欲するなら，戦争を理解せよ」をさらに拡張し，国内農業と製造業を大切に維持強化しなければならないゆえんです。

(2)　時間軸を導入した経営

　このように，経済社会は常に変化しています。これを何人も否定でき

ません。それゆえ，現実経済は時間の要素を導入した動学経済学を不可欠としているにもかかわらず，一般に大学で教える現代経済学は，市場における需要と供給の瞬時同時の均衡点を求め続けます。

さらに悪いことに，1年の単年度会計概念でしか産業支援できない政府の財政支出では，とても5〜10年を要する中長期のベンチャー支援ができません。つまり，どのような補助金をもってしても，Ｇｏｏｇｌｅのようなハイテクベンチャーを生み出せない理由がここにあります。

例えば，バイオ産業における現実では，基礎的な科学（大学の試験管レベル）から産業（大量生産される新薬・ワクチン）が生まれるまでに20年から30年の時間を要します。

また，一般の産業界においても，新しい雇用や新工場が利益を生み出すまでには，3年から5年の時間が必要です。だから，需要と供給が価格というシグナルによって瞬時同時に均衡するという経済学理論（＝静学経済学）は＜机上の幻想＞にすぎません。これから40年以上の労働を続ける観点で職業選択しようとする学生にとって，現代経済学の講義が面白くないことは当然です。

ベンチャーが生まれ，それらが新産業の主役となるためには，数十年前に発明発見された科学が，企業家の手によって迅速に事業化されなくてはなりません。

さらに企業のプロダクトがこなれた価格で市場に供給され新産業として定着する結果，市場に新たな需要が創出されるという不連続な経済活動によって新たな産業構造が成立します。

いわゆる一般経済紙や経営の専門家たちが説明する「顧客志向経営」ないし「マーケットイン」という視点で，経済市場の変化を読み取ることは不可能です。顧客は新たな技術に基づく革新的な製品とサービスの

出現を心待ちしており，Ａｐｐｌｅ社やＡｍａｚｏｎ社の成功をもたら
しました。真理は，「新技術が先，マーケットは後」なのです。

　このことは，ハイテク産業にかかわらず，既存の地域経済の中核をな
す地元中小企業にもあてはまります。祖父あるいは父が創業した，はじ
めは個人の零細商店や農家が，30〜50年を経て中規模企業となるために
は，確立した固有技術と経営者の世代交代が欠かせません。

　ところが，先進国でもイタリアと並ぶ早さで少子高齢化が進む日本の
中小企業では，次世代経営者の担い手を長男に託せる可能性が急速に失
われつつあります。皮肉なことに，一企業の寿命よりも創業者の寿命の
ほうが短くなりつつあるのが現実です。

　だからこそ，時間という要素を（一般的にビジネス用語では「時間
軸」と言われる）導入した企業と経済の発展モデルを，私たちは真剣に
考えなくてはなりません。

　特に，せっかく築き上げたサプライヤーと販路をもち，競争力の高い
商品を円滑に顧客に届けられる優秀な中小企業は，30〜50年という時間
軸を導入した企業経営を経営の主軸におかなければ，創業者の引退ない
し死去とともに企業の生命が失われます。そして，こうした状況は少子
高齢化する日本の地域経済にも致命的な衰退をもたらします。

　世界で戦える首都圏や中部圏の少数の大企業は，これからも発展を続
けるでしょう。

　なぜなら，為替レートや世界経済の変動に応じて，最適な生産体制を
地球規模で再編できるし，そのときでも国内の研究開発と生産を国内で
続行できる優秀な人材を確保できるからです。

　しかしながら，地域経済（これは特定地方に限らず，首都圏経済も含
まれます）にしっかりと根をおろし，地域の経済ネットワークを支える

地域の中小企業は，今後，若年の良質な人材獲得がはなはだ困難となり，さらには地域市場も縮小するため，内と外の理由から総数が減少せざるを得ません。

それにもかかわらず，これまで以上に地域の中小企業が廉売競争と経営多角化を続けると，そもそも次世代の経営者がいない企業の存続は，ある日，経営者喪失とともに途絶えてしまいます。

こうした悲劇が日本で起きないように，そして**現在の雇用が未来まで続くように**，今から備えるべき経営判断の有力なオプションとして，それを担えるであろう個人や法人に経営権（株式）ないし企業そのものを**売却する，すなわちM&Aが必要**なのです。

2 経済変化への対応に不可欠な「M&A」

グローバルな政治と経済の環境変化は，同時に企業経営のあり方にも重大な転機をもたしました。例えば，ＧＡＦＡに代表される米国発ＩＣＴ系企業の躍進は，それまでの商取引のあり方をグローバルレベルで変え，これまでにない＜危機＞と＜機会＞をローカルな国内中小企業やベンチャー企業にもたらし始めました。

はじめの＜危機＞は，急速に少子高齢化が進む日本の過疎地域で，いわゆる「シャッター通り」と比喩される駅前商店街の斜陽が顕著になりだしたことからおわかりいただけるでしょう。

その一方で，スマートフォンさえ通じるならば首都圏エリアでしか入手ができなった様々な商品が，アマゾン・楽天などを通じて注文し，クレジットカード決済することによって購入できます。

今やヤマト運輸の宅配車によって，注文商品は全国規模でわずか数日でのデリバリーされるのです。それどころか，メルカリなどの中古品

ネットショップで，廃盤商品でも全国のコンビニエンスストアで入金，受領できるようになりました。それゆえ，10年前と比較して，**地方と中央の情報と消費の格差はほぼ消滅した**といえます。

　かつて，日銀短観や四半期ＧＤＰデータを求めて，日本橋日銀本店の玄関に経済情報誌記者たちが殺到した時代は終わり，代わりに政府統計は発表と同時に時系列データとしてパソコンの表計算ソフトに学生でも瞬時に読み込める時代となりました。もはやデータ入手に関しても地方と中央で情報量の格差は存在しません。

　けれども，以上の消費と情報における格差消滅は，同時に，わずかな在庫しかできない地方商店街のさらなる廃業を加速化させることとなりました。

　それどころか，地域唯一の知的情報の結節点であった町の書店が次々と廃業しています。多くの雑誌や書籍が電子化され読めるようになったり，あるいは電子通販で数日以内に既存郵便インフラを通じて全国に配送されるようになりました。

　首都圏から遠隔地と呼ばれる北海道にあっても航空機とトラック便・鉄道便を駆使した配達システムによって，注文から最大４日程度の時差で配達されます。その結果，地方における小売業のみならず，出版社と地方書店を結んできた卸業者も重大な危機に直面しています。そもそもＥコマースとは，メーカー在庫と消費者を直接結んでいることから，卸売業という存在すら否定されかねない状況にあります。

　他方，**地域にはＩＣＴによって大きな＜機会＞も到来**しています。そして有料で配布先が極めて限られる広告チラシではなく，消費者が自らのコストで持ち歩くスマートフォンを通じて企業と全世界の消費者が直接結ばれる時代が到来しました。

　その結果，ある分野に徹底的に特化した地方専門店は，アマゾンや楽

天などの仮想市場に出店することによって，まったく地理的境界を無視した注文が続々と入るようになりました。

これに満足した顧客が遠隔地に存在する専門店に継続的な注文を繰り返すようになれば，地方の小売店は高い出店料が課せられる仮想市場からやがて離脱し，専門店と顧客間のネット取引が自然に始まります。そうすれば，地方の専門店は大きな投資なしに全国的な顧客を一夜にして獲得できることへとつながります。

だとすると，全国や全世界から注文を寄せられる独自商品を持った中小企業にとって，インターネットがもたらす新しい商取引は「千載一遇のチャンス」とも言えます。

少なくとも，そうした事態を前向きに捉える努力と投資を行う者にとって，イノベーション＝新結合の5つ目の機会として**シュンペーターが指摘した新しい＜販路＞のＩＣＴによる獲得**は，およそ100年を経て現実のビジネスとなりました。

こうしたことは，単に消費財を販売する流通小売業にとどまりません。今後旅行サービスや家事代行，飲食デリバリー，タクシー手配にまで及ぶことは，米国での先行例からみてもほぼ間違いない事実です。

だとすれば，消費が地域内需要たとえば介護などのサービスを除くと，全国のサービス需要に対して特定地域の中小企業がサービス供給者になったとしても何ら不思議はありません。

地域のタクシー会社はＩＣＴの活用によって，地域の老人が定期的に訪れる病院，薬局，役場，郵便局が運転手への表示画面で示されることにより，マイカーよりはるかに安全かつ経済的に地域の足となり得ます。

同時に，社会的厚生の観点に基づく法規制は残るにせよ，米国では企業内会計事務や給与計算などの対事業所サービスやクレーム対応に関す

る対カスタマーサービスが，インドなどの英語を公用語とする海外のオフショアで十分機能しています。

　もちろん，国内のホワイトカラー雇用数が大きく減少傾向を示すことも同時に生じます。そして，今回のコロナ感染による世界規模での経済のＩＣＴ化と在宅勤務の進展は，新しい経済社会の変化を引き起こします。

　それは，あたかも第二次世界大戦後の冷戦体制が引き起こした世界市場の変化と，産業構造転換がもたらした日本とドイツの敗戦国からの復活をみるようです。

　戦後，日本復興の背景として，冷戦体制で手薄となった米国民生市場は敗戦国日本に対して破格に寛容でした。

　例えば，真空管に代替される固定増幅素子として戦前から米国で密かに軍事研究されていたトランジスタ技術を，当時の金でわずか300万円で（現在の１億円？），ＳＯＮＹはＡＴＴベル研究所の特許代理店であったウエスタンエレクトリック社から入手しました。

　当時，占領米軍によって円ドル為替は１ドル360円に固定設定されていました。戦争に負け，石油と食料をはじめとする輸入代金の枯渇に苦しんだ日本にとって，米国へのテレビの輸出代金360ドルは，10万円の売上と等価です。

　それゆえ，国内企業は国内市場で10万円するテレビを，国内価格の３分の１にすぎない360ドルでダンピング輸出しても輸入代金は10万円と，国内販売と同額の売上・収益を確保できたのです。

　このように信じられないほどの日米実質購買力平価の格差を無視した為替レートが，米国市場で日本企業に記録的な高収益をもたらしたことは，冷戦構造だからこそ許されたもので，巷に流布する日本企業の圧倒的な成功とは言い切れません。

　やがて，日米間の対米貿易黒字が米国の全貿易赤字の過半数を占める
ようになり，1980年代に米国民のクリスマスシンボルでもあるニュー
ヨーク・ロックフェラーセンタービルが三菱地所によって買収されまし
た。

　また，東芝機械の悪質なCOCOM（対共産圏輸出制限）違反によっ
て反日感情がアメリカで高まるなか，1985年にニューヨークの「プラザ
合意」で歴史的な合意形成のもと，為替レートが変動制に移行済みであ
るにもかかわらず，1ドル77円という人為的な超円高が決定されました。
その背景には，5年後のベルリンの壁崩壊による冷戦消滅プロセスが存
在したことを，日本人は決して忘れるべきではありません。

　つまり，**世界における経済と政治体制の衝突は，為替レートに重大な
影響を及ぼし，それらが国内企業の収益を大きく左右します。**そうした
意味で，あるべき為替レートとは，短期的（3か月～18か月）には実質
購買力平価と現実為替レートの狭間で決定し，中期的（5～10年）には
貿易収支の結果が反映し，長期的（10年以上）は基礎的な国内貯蓄過剰
ないし過少によって大きく左右されるものです。

　筆者は，実質購買力平価からみた日米為替レートの妥当な水準は1ド
ル160円前後と考えています。

　実質購買力平価とは，多国間の首都圏における光熱費，教育費，食費，
家賃，医療費などを同量消費した場合の，実質的な現地通貨での相互比
較を行い，それを時々の為替レートと比較することで決定されます。

　東京は，すべての面で物価高と一般的に想定されがちですが，アメリ
カにはない国民皆保険制度や優秀な公立学校と国立大学が存在し，かつ
安全面で警備保障会社を個人が契約する必要もないことを加味すると，
ニューヨークに比べて東京が物価高とは決して言えません。むしろ，国
際的には安全で安価と言えます。

　その結果，実質的な購買力平価を各国で比較すると為替レートの現実的な値は，1ドル160円前後と算出されるのです。現在，新聞紙上で「歴史的円安」が騒がれています。

　従来，実質購買力平価から乖離して円高に設定されていた為替レートが，ウクライナ戦争と資源高によって急速に現実の姿に是正されてきたとはいえ，1ドル130円はまだ円高の結果としてみなすことができます。

　世界の政治体制変動は，国際経済社会に激震をもたらし，その結果，一見グローバル経済とは無縁と見える国内の地方中小企業や農家の存立条件もまた激変します。

　グローバル化した国内大企業が急速な円高に対応すべく，国内生産拠点を海外移転する過程で，容易に海外移転できない国内地域の中小企業は仕事そのものが消えるからです。また，農業生産コストの大半が地代と人件費を占める農業は，円高で割安になる一方の海外農産物に対して全く非力でした。

　こうした観点からいって，日本で再び海外輸出が巨額経常黒字をもたらす構造は二度とないでしょう。

　また，プラザ合意以降の超円高によって日本企業の製造部門がラッシュのように中国へと向かい，現在の超軍事大国中国の構築に絶大な貢献を行った時期は1990年から2020年までのわずか30年間に起きた事実として記憶すべきでしょう。

　巷でいわれる「失われた30年」といった感傷的表現の内実は，冷戦が終焉し超円高となった時代に，国内製造部門を主に中国へと移転させ必死に生き残りをかけてグローバル化した大企業と，それについて行けず閉鎖ないし新たな販路開拓に中小企業が生き残りに血を流した「生き残りの30年」でした。

それゆえ，冷戦崩壊とそれがもたらした超円高は，経済社会と企業経営の転換を余儀なくするとともに，結果的に30年をかけて日本の産業構造は大きく変動しました。

それは周辺国も例外ではなく，韓国の高度経済成長や中国の軍事大国化は，日本とは反対の30年となったことは自然な流れでした。

3　既存中小企業にとってのＭ＆Ａとは？

それでは，このような歴史の運動法則を背景とする劇的かつ急速な経済社会の変化に対して，中小企業は今後どのように対処すべきなのでしょうか？

中国発新型コロナウイルスの世界蔓延は，やっとその収束が見えだしましたが，2022年2月にはロシアのよるウクライナ侵略戦争が起きました。この戦争は私たちの日常生活を根本から変化させています。多くの国内中小企業は政府から支給される手厚い持続給付金によって存続が可能になりました。けれども，借りた公金は返済しなければなりません。本書執筆の最大の動機と目的はそこにあります。

せっかく創業者たちが半世紀以上かけて育てた企業も，このままじっとして身構える＜守りの経営＞で会社と雇用を維持することが不可能なことは自明です。

とはいえ，創業二代目・三代目の若き経営者たちがＭＢＡ取得など特別な教育訓練を受け，かつ創業者が遭遇しなかった全く新しい社会経済の変化を機会としてとらえ，これを乗り切ってゆくことは決して不可能ではありません。少なくとも，筆者が四半世紀にわたり教鞭をとったビジネススクールで学んだ何人もの二代目・三代目経営者たちは，懸命にイノベーションの機会を具現化しようと努力し，またコロナ回復過程で

顕著な成功もしています。

　けれども，我が国に存在する1,000万社といわれる中小および家族経営の零細企業に，奇跡的な確率で有能な担い手候補が＜同族内に存在＞する可能性はきわめて少ないといえます。否，中小企業全体の８割以上で存在しないでしょう。

　その証拠に『2022年中小企業白書』第１部第１章第７節の85頁によると，全国の中小企業経営者の61.5％が後継者難を指摘しており，しかもこれらの中小企業経営者の年齢ピークは60 〜 74歳に達しています。これは農業においてもまったく同じで，『令和四年度農業白書』137頁によると，基幹的農業従事者（男性）の平均年齢は68.4歳に達しています。

　それゆえ，我が国の各地域において雇用の根幹をなす中小企業は，次世代経営者を何らかの方法によって迎えられることさえできれば，たった一人が創業や就農して数十年の悪戦苦闘を経る場合に比べて，数年はおろか数か月で事業継承は完了します。この事業移転を本書では「中小企業のＭ＆Ａ」と定義しています。

　上場またはＭ＆Ａと呼ばれるＥＸＩＴ（キャピタルゲインを求める全株式売却を目的とする株式会社の第三者への売却）は，後述の「４　テクノロジー系ベンチャー企業にとってのＭ＆Ａとは？」で説明します。

　これに対して，圧倒的な国内雇用を担い，為替レートや労働力コスト，地代高騰があるからといって安易な海外移転が不可能な国内に存在する無数の中小企業に対して，比較優位論に基づく国際貿易理論を振り回すことの無意味さを私たちは改めて自覚すべきです。

　ましてや，廃業して得た資金を海外金融投資して利ざやを稼ぎましょう！などといった亡国論を，わたしたちは絶対に受け入れることはできません。かつて，アダムスミスは1776年『諸国民の富（国富論）』で明快に次の指摘をしました。

　一国の富とは一国にため込まれる金銀財宝でもなければ，王侯貴族のための奢侈的支出を支えるサービス労働でもない。諸国民の富とは，各国が得意とする産業分野で交易を通じてもたらさせる相互的互恵により，それぞれの国内に生み出される＜毎年の雇用増加＞を意味する。

　大和朝廷以来，2000年にわたって作り続けてきた豊かな田畑を，後継者難を理由として耕作放棄することは，国土保全と食料安全保障上の観点から許されることではありません。

　世界的に水資源が枯渇傾向にある中で，大量の雨水ないし融雪水を国土の70％を占める森林が蓄積可能な日本において，国民を十分食べさせる連作障害のない稲作は日本の根幹をなす主要基幹作物であり，国民食です。まさに，国家安全保障の第一に位置する重要な役割を担っています。

　しかしながら，現実には少子高齢化する農家の継ぎ手が極度に不足しています。早急に次世代の農業担い手となる新たな労働力を投入しなければ，優れた顧客とサプライヤーを抱え，固有の高い技術力をもった雇用を抱える中小企業同様に，国内農業は消滅しかねません。

　このように，国内地域において国内経済社会を広範囲に支える地域の農業と中小企業を持続的に維持するためには，その自覚と才能にあふれた若い世代に事業を引き継がせる何らかの社会的装置が必要です。

　幸い，日本で最初の学位授与できる西欧型カレッジであった札幌農学校の直系である北海道大学農学部への入学志望者はうなぎ登りです。

　なかでも女子の増加は顕著です。彼らのなかには，卒業後，恵まれた給与生活を捨てて北海道や国内農業地域でブドウ作りから始め，ワイナリー事業を始めるOB・OGが出ています。

　このことからも，21世紀に入り農学は，若い世代にとって学ぶべき価値があり，ＳＤＧ'sはその追い風となっています。実際，2022年に発表された英国の『Times Higher Education』によって，北海道大学は世界総合ＳＤＧ'sで10位，日本国内１位の大学に選定されました。

　そこで残された課題は，**農学を学ぶ若者が，いかにして迅速に農業ビジネスへ参入できる**かです。

　ここに，本書執筆のもう１つの狙いがあります。後継者もなく夫婦で親の農業を継いだ立派な農園を維持する75歳を超えようとする農家が，感謝と感動をもって最先端の農学を学んだ若い第三者の新規就農者へバトンタッチされる社会の仕組み（M&A）を，今，早急に構築しなければ，明日の豊かな日本はありません。

　そのためにも，わたしたちは，十分な国内貯蓄があり購買力平価に比べ未だ円高で豊かな日本で，後継者枯渇に苦しむ中小企業や農家の経営者たちが安心して事業を任せられる人材を得られる社会仕組み（＝M&A）を整備しなければなりません。

　同時に，引退後に使い切れないほどの退職金に代わるM&Aを通じた株式売却資金を得て，優雅な老後生活を夫婦で楽しめる自由な社会を実現したいと考えます。

　むしろ，今後の経営を継続的にマネジメントできる後継者が見つからない場合，中小企業は黒字清算になりかねないし，農地は耕作放棄地となりかねません。それゆえ，一刻も早く事業を株式会社化し，能力と誠実さを兼ね備える第三者に経営権を譲渡する，すなわちM&Aすべきと考えます。融資先が飽和気味な国内地域銀行は，こうしたM&Aの買い手に融資することで，地域内に理想的な貸出先を確保することが可能となります。

もはや少子高齢化し，長期的かつ継続的に低下する地代＝土地価格を担保とする融資のシステムが全面的に内部崩壊していることは明白です。不動産融資から次世代経営者のM＆A資金融資へと転換することが特定地域にしか融資先を持たない地方銀行の宿命ともいえます。こうした仲介を行う数少ない金融機関や組織が国内にも存在します。

　他方，米国では企業の顧問弁護士と会計士（日本なら税理士）がタッグを組んで，これに日々取り組んでいます。その手数料は，買収総額の最大5％ほどにすぎません。

　長く明けない夜明けのような状態にある農業や中小企業の経営者たちが，あるとき信頼できる専門家の力を借りて，債務保証から解放される2億円で，自社を愛する従業員ともども信頼のおける次世代経営者にM＆Aできた場合，その手数料はわずか1,000万円にすぎません。

　仮に，会社の事業資金を個人債務保証していた総額が1億円だとした場合，得られた株式売却益で債務保証分を一気に弁済した場合，まだ9,000万円もの手元資金が創業者の手元に残ります。

　40年かけた厚生年金が夫婦合わせて月額平均24万円の日本で，例えば70歳の創業者が，9,000万円からキャピタルゲイン課税を引いても残る資金を手にしたら，創業者の老後の不安はとても小さくなるでしょうか。

　さらに，やがて訪れる相続場面でも，子供に相当な現金資産が残ります。もちろん，M＆A先企業の要請に基づき顧問としての席が用意されることもあるでしょう。これは，むしろ一般的です。なぜなら，創業者のみが，会社の長期的成長を保証するサプライヤー，顧客，長年の従業員といった「信用と人」を知っているからです。

4　テクノロジー系ベンチャー企業にとってのM&Aとは？

　ベンチャー企業のM&Aは，中小企業のM&Aよりはるかに簡単かつ迅速です。なぜならベンチャー企業は生まれた時から，＜融資＞ではなく＜投資＞を個人エンジェルおよびベンチャーキャピタル（VC）から受けているからです。

　そのため，一般的なファンド運用期限である10年程度の期間内に，ベンチャー企業はIPO（株式上場）ないしM&Aし，投資者に資本市場を通じた投資還元を宿命づけされています。

　なかには，ベンチャー企業そのものが失敗し，IPOどころかM&Aすら難しく，備忘価格と呼ばれる最低額で出資者からベンチャー創業者が買い戻しを求められることもしばしばあります。

　これは，成功するか失敗するかわからないベンチャー企業につきものの現象です。初期投資に対して担保はなく，株式の保有権のみが付与されます。だから，投資者は2倍から20倍を期待して10年近くIPOやM&Aを待つのです。

　時には大手企業や一般消費者市場を対象として，数十億円から数百億円の売上を記録するベンチャー企業も希ではありますが出現します。こうした企業は例外なくIPOへ向かいますが，その場合，株式市場で企業の1株当たりの値付けが行われます。

　＜上場株価×発行済み株数＝時価総額＞の算式によって時価総額1,000億円を超えるベンチャー企業も存在します。こうしたベンチャー企業を「ユニコーン・ベンチャー」と呼びます。米国の百社単位に比べて多くはありませんが，日本にも十社単位でユニコーン・ベンチャーは現実に存在します。

　しかしながら，高度なサイエンスを背景とするテクノロジー系ベンチャーの場合，製品が高度な量産に入る前段階の場合，画期的薬剤を含め国内・海外市場にまで製品マーケティングを進めることが合理的とは言えません（『イノベーション具現化のススメ』第4章（執筆者：江戸川泰路公認会計士）も参照）。

　なぜなら，国内や海外にすでにグローバルな生産体制や営業体制を有する大手企業に比べ，ベンチャー企業はあまりにも資本力が小さく生産体制と営業体制が劣勢なためです。

　それゆえに，優れた試作品を完成したベンチャー企業は，保有する特許群とともに会社全体をM&Aすることが，結局，革新的な製品を市場にいち早く投入するために欠かせない合理的な手段と考えられます。

　国内のどこに存在するテクノロジーベンチャーであっても，その製品と特許が圧倒的に優れた代替性のないオリジナルな技術と製品であるならば，ただちに製品をこれらのグローバル対応が完了した＜国内大手企業＞に持ち込むべきです。

　ではなぜ，海外ではなく国内の大手企業かといえば，その技術が国内の国立大学で生まれた場合，ベンチャー企業成立以前に数十年にわたる公的資金が投下され，研究開発と人的雇用が先行的に行われているからです。

　日本では，生化学の分野で顕著なノーベル賞受賞者を輩出しているにもかかわらず，その製品化では海外大手製薬企業が圧倒的な存在感を示します。最近のノーベル賞受賞者の背景をみると，その発明が後に社会で実用化され産業化された場合，そこから戻って根源となる発明発見者が受賞者として選ばれていることが顕著です。

　だとすれば，基礎的なサイエンスで世界的に評価される日本が，どうして自国による産業化に遅れをとっているのでしょうか？

その理由として，研究者を取り囲むテクノロジー系ベンチャーを積極的に育てる（インキュベーション）環境が国内で未成熟であることを指摘する人々もいます。

しかしながら，1999年の『産業競争力強化法』によって，過去二十数年間に国内テクノロジー系ベンチャーに対する政府の支援策と投資ベンチャーキャピタルは，世界水準をはるかに超えるスピードをもって整備されました。

日本に残された最後の課題は，こうした**ベンチャーを誰にM&Aするのか？**という問題に帰着します。

ここで，その相手は，本社が日本にあり，株主も日本の個人や法人である必要があります。そうでなければ，膨大な国費を投入して生まれたテクノロジーが，国内における雇用拡大につながらないからです。

現実に，その悲劇は第二次世界大戦直前の英国で生じました。英国王立研究所（日本の国立研究所）で発見されたカビが生成する**画期的な抗菌物質「ペニシリン」**は，公的基礎研究という理由で英国で特許出願されませんでした。

ところが，その有用性を知った同盟国アメリカの製薬大手企業は，ペニシリンの工業的に連続生産可能な方法を特許取得しました。その結果，連合軍数百万人の傷ついた兵士の命，および戦後日本の結核患者を救ったペニシリンの生産特許に対して，英国企業および英国民は膨大な特許使用料をアメリカ企業に支払わなければならなかったのです。これを悲劇と言わず，何と言うでしょうか？

また，大して儲からず，契約まで時間ばかり要して，いつの間にか知財が流出移転する知財供与や技術供与交渉などは即刻やめるべきです。資力に欠け毎日が綱渡りのベンチャー企業にとって，大手企業相手のラ

イセンス供与交渉は，長引けば長引くほどベンチャー企業に不利，大手企業に有利となります。

　残念ながら悪意のある大手企業は，少しでも自社に有利な条件を獲得するためにあえてベンチャー企業との交渉期間を長引かせます。こうした利己的な企業行動に対して，海外からあえて有利で迅速な条件でのオファーがある国内のベンチャー企業は，それを証拠に単純な知財移転契約ではなく，会社全体のM&A契約の交渉を6か月程度の期間でクロージング（契約完了）させるべきです。

　大方の国内大手企業には，社内の年度末決算を経て次年度予算が設定されます。それらは1〜3月にかけて集中します。それゆえ，9月に大手企業とM&Aの交渉に入り。明年3月までに契約を完了すべきなのです。

　かつて，戦時中の米軍無差別爆撃の廃墟から日本が復興する過程で，1946年に浜松でオートバイ専業メーカーとして本田宗一郎が本田技研（ホンダ）を個人創業しました。同様に焼け野原となった東京で1946年に東京通信工業（SONY）が数名の海軍技術者たちによって設立されました。

　SONYは，世界に先駆けてアメリカ生まれのトランジスタ技術を利用したラジオを世界に売り出した企業ですが，それ以前に真空管を使用した民生用磁気式テープレコーダー（すでに第二次世界大戦時に東北大の技術を用いて，ドイツおよびアメリカが軍用として開発し実用化に成功）を，国内ではじめて製品化したテクノロジー系ベンチャーです。

　ホンダとSONYは，銀行から多額の融資を受けて自ら生産基盤を国内に構築し，海外市場へ怒濤のように輸出攻勢をかけて成功しました。幸いなことに，戦時中で徴兵時期が到来しても，理工系学生と高度エンジニアは軍需工場や大学研究所で温存されていたため，こうした急速な

復興が可能だったのです。

　けれども，現代のテクノロジー系ベンチャーにそのような幸運は全く存在しません。もはや日本は敗戦国でもないし冷戦は終わったからです。

　自らの手ですべて成し遂げようとするテクノロジー系ベンチャーの試みは，確実に失敗します。それよりも，1億円の企業は10億円でM＆Aし，10億円の企業は100億円でM＆Aする道を真剣に模索すべきです。

　自らが配当を出さねばならない投資会社は，よりリターンの高いIPOを推奨します。けれども，ベンチャー創出の目的は，金融上の目的ではなく，グローバル化する世界経済に呼応した国内産構造の高度化を目的としています。だからこそ，膨大な国費を投入されて生まれた国立大学発ベンチャーは容認されているのです。

　もしもM＆A先が他国なら，一部の株式保有者に膨大な富をもたらすでしょうが，国内に雇用は生まれず産業高度化の機会は消滅します。それゆえに，グローバル化への対応に迫られている国内大手企業にM＆Aを通じて，新たな新材料・新製品・新製造プロセスを提供し，さらなる雇用を国内に誘発することが国内テクノロジー系ベンチャーに課せられた最大のミッションなのです。

● M＆Aを受け入れる側にいる大手企業の方々へ

　国内製造業が衰退し，優秀な国内テクノロジー系ベンチャー創出が止まり出した時，日本は優れた製造能力を有する隣国に経済的ないし軍事的に支配されるかも知れません。だからこそ，日本の大企業は自国のテクノロジー系ベンチャーに対するM＆Aを意欲的に進め，その分，遅々として進まない自社研究部門を縮小すべきなのです。

　そして，転換異動に直面せざるを得ない国内大手企業の社内開発研究者は，速やかに外部からM＆Aを通じて入手した知的財産を自社製品に

応用するための応用開発に専心すべきです。

　そうしなければ，やがて会社自体がグローバル競争に負けて，自社そのものがM＆Aで売却され失業してしまう可能性が極めて高いといえます。現実に，東芝と日産は売られてしまいました。

　もはや自前自社開発主義が＜非効率の代名詞＞であることを，本来，世界的に最も優秀な日本の企業内研究者やエンジニア，そして経営陣は深く自覚すべきです。場合によっては，あらかじめ30〜40歳代のうちに，2年間を夜間ビジネススクールに通学してMBAを取得しておく必要もあるでしょう！

　なぜなら，M＆Aで買収したベンチャー企業は，当分の間利益を生まないので外部からの投資を受ける必要があるからです。そのためには，自分は買収元に所属しながらも，ベンチャー企業のCEOないしCTOとして活躍する機会が生まれるのです。そのとき，MBAで学んだ知識と人脈は，案外役立つかも知れません。

　長年，技術者として高度な教育を受けてきたエンジニアが，少なくともこれまでとは素性が異なるベンチャーキャピタリストと対峙するためには，相手方の言語をあらかじめ知っておく必要があるし，自社経営層に逐次，ベンチャー企業の進捗状況を説明報告する義務もあります。だからこそ，決して内容自体が難しいわけではないが，企業経営のための運転免許程度の認識で理系エンジニアはMBAを40歳前後に取得すべきなのです。

　● 最後に

　本章を締めくくるにあたり，特に現在50〜60歳代の企業経営者，大手企業の執行役・理事・取締役の方々に申し上げたいことがあります。

　国あっての豊かさであり，その反対ではないことを，現在のウクライ

ナ戦争の現実が私たち日本人にも教えてくれました。しかも，日本近隣における台湾有事の危機は，目前に存在します。

　2022年末から繰り返される中国空軍戦闘機による度重なる台湾防空圏への侵入は，特に台湾東側空域において**日本の生命線である**アジア・中東や欧州を結ぶシーレーンに重なります。それゆえ，経済至上主義は，結局，幻想にすぎないのです。

　以上から，国際平和という理念は，国内における食料自給・エネルギー確保・高度な製造業が存在してはじめて達成されるのであり，それこそが一国の独立条件です。

　それゆえ，自社の持続的な発展を望むならば，過度な生産拠点の海外移転を抑制し，国内での生産と雇用を維持しなければなりません。そうしなければ，日本もまた英国のように産業競争力が失われ，ウクライナのように他国からの軍事侵略を受けかねません。国防力を高めるためにも，輸出で稼げる収益＝一定の納税と兵器の国産化が不可欠です。

　1868年以来，歩んできたわずか150年余しかない近代国家日本の歩みを，ここで止めるわけにはゆきません。

　そのためにも，国内に存在する核心的なテクノロジー系ベンチャーへのＭ＆Ａと，既存中小企業の次世代経営者に対する強力なＭ＆Ａファイナンスが，日本産業のイノベーションに絶大な力を発揮すると確信する次第です。

▸▸▸ 第４章のまとめ

- 歴史は，国内と海外における産業競争力の格差によって変化する。それらの格差は，国内産業構造の高度化もしくは退化によって決定される。さらに，産業構造を高度化するためには時間軸を導入した経営が欠かせない。

- 国内経済のグローバル化と世界的なＩＣＴによる電子商取引の進展は，寂れる一方だった地方の中小企業や農業経営にも，地域経済圏を越えた顧客へのアクセスという意味で，大きな機会をもたらしている。

- 今後，少子高齢化に伴って国内純貯蓄が減少すると円安が進行する。円安の進行はむしろ国内生産を続ける地場の中小企業や農業経営に追い風となっている。だが，これからの中小企業や農業の経営者は高齢化している。だから，若い次世代経営者を見つけるためにはどうしてもM＆Aが不可欠だ。

- 自らが築き上げた素晴らしい経営資源であるサプライヤー，従業員，顧客を次世代に引き継ぐためには，長子相続にこだわらずしっかりとした資金源をもつ次世代経営者を見つけ，自らの企業を生前にM＆Aで譲渡する必要がある。そして，年金生活後に訪れる素晴らしいリタイア生活を配偶者とともにエンジョイすべきだ。

- 国立大学等の研究成果などをベースに設立されたテクノロジー系ベンチャーは，ＩＰＯ（株式上場）のみが出口ではなく，真の操業目的がテクノロジーの可視化にあったことに今一度顧みて，こうした技術を必要としている大手国内企業へのM＆Aを積極的に推進すべきだ。

- 以上を社会的に進めるためには，地場の中小企業をよく知る最大融資元である地元銀行がM＆Aの主役を担わなければならない。

- また，世界で戦う革新的なテクノロジーを日々必要とする国内大手企業は，テクノロジー系ベンチャーに対するM＆Aに熱心かつ貪欲であるべきだ。

おわりに

「M＆Aについての本を書こう！」

瀬戸先生からお誘いがあったのは，約1年前のことです。本書の中でご紹介したように，瀬戸先生は，私が社会人大学院の学生としてマクロ経済などを教えていただいた指導教官です。

当時，私はすでに税理士として開業していました。しかし，会計や税法は税理士試験で勉強していたのでわかるものの，経済変動や企業行動，マーケティング，労務管理や経営戦略など，職業会計人として最低限の知識がないことに気づき，足りない知識を得るべく当時の小樽商科大学の社会人大学院に入学したのでした。

私の学部生時代（1980年代後半ごろ）の日本はバブル経済の最終盤だったこともあり，就職の不安もなく，大学での勉強に真剣に取り組んだ記憶もありません。しかも専門が哲学科倫理学ということもあり，大学の授業はつまらないもので，実際の経済活動に役に立たないものという認識を持っていました。しかし，社会人大学院で私が受けた授業，ゼミは全く違うものでした。

現在，日本では，社会人のリスキリングが注目されています。ご存知のようにリスキリングは，一度社会人として職業経験を積んだのち，その経験を土台に新たなスキルを身に付けるために学びなおすというものです。私はその流れを20年ほど早く取り入れた一人だと自負しております。

ただ，私が社会人大学院で得たものはスキルだけではありませんでした。知識はもちろん獲得することができますが，それよりも大切なことは，その場に集う様々な業種，職歴の多士済々な人と出会うことができるという点です。

　これこそが，何ものにも代えがたい経験だといえます。私自身は，社会人大学院を修了したのちも税理士として業務を続けていましたが，その業務のフィールドはこれまでのものと比べられないほど拡がりました。例えば，これまで約20冊の書籍を出版することができたのも，大学院で学んだ成果の一つです。

　そんな中，M＆Aの本を書くという瀬戸先生からのお誘いがありました。実は税理士にとってM＆Aは近くて遠い存在です。顧問している会社がM＆Aで買われる，または別の会社を買う，ということを身近で見ているものの，実際に税理士が携わるのは税務・会計のお金周りの業務に限られます。M＆Aをする際の意思決定のプロセスや税務・会計以外の実際の作業に関わることはほとんどありません。

　ところが，2021年に私の個人税理士事務所は，東京のＢＤＯ税理士事務所と合併をしました。合併を実際に経験することができたのです。現在，私は合併と同時に同法人の共同代表に就任して，現在は札幌事務所の責任者として税理士業務を行っています。

　そのような経緯から，実際にM＆Aを経験した税理士としての経験を本にしようと考え，今回の出版に至りました。実際のM＆Aを経験して得た教訓としては，自分自身の利益を全面に出すくらいなら，M＆Aをしないほうが良いということです。

　本書のテーマである事業承継型M＆Aは，経営者本人が仕事をすることができなくなったら，その組織も終わってしまうことを防ぐ有効な手段の一つです。自分個人の利益や自分個人の気持ちを優先されるのであれば，死ぬまで現役で代表者としてやっていければ，個人としてこんなに幸せなことはないでしょう。

　しかし，その後のことを考えるとどうでしょうか？

　後には会社のことを何もわからないまま株主になった家族と，仕事がなくなる不安を抱えた従業員が残されるだけです。国家的な視点から見ると，付加価値を生み出す経済主体である企業が個人的な理由で消えてしまうことになるのです。

　本書では，瀬戸先生は経済学的なマクロの視点から，私は税理士としてのミクロの視点からM＆Aと事業承継について考察し，その解決策としてM＆Aをすすめる啓蒙の役割を果たしたいという思いを込めました。

　当初はビジネス書として需要があるかどうか不安でしたが，なんとか出版までこぎつけることができたのは周りの人たちの協力があってのことです。この場をお借りしてお礼申し上げます。

　以前，出版で一緒に仕事をさせていただいた中央経済社の牲川健志様に企画書を提出したところ，快く編集作業等をお引き受けいただきました。また，本書で取り上げさせていただいたケーススタディにつきましても，それぞれの企業の方々にご理解を得てご紹介させていただいております。

　さらに，瀬戸先生と一緒に読書会として毎月同じ本を読み議論をしている仲間の皆様からも，直接，間接的に様々なご示唆をいただきました。

　瀬戸ゼミOBの方々が，各方面で活躍している様子は，それだけで私の励みになります。そしてなんといっても瀬戸篤先生。先生がいなければ，私の職業人生も違ったものになっていたでしょう。恩師と一緒に本を出版できるということは，教え子として無上の喜びです。本当にありがとうございます。

　最後に本書が中小企業の事業承継の一助になれば幸いです。

BDO税理士法人札幌事務所所長

出口　秀樹（税理士・米国税理士）

【著者紹介】

瀬戸　篤 (せと　あつし)

国立大学法人小樽商科大学名誉教授。1958 年北海道北見市生まれ。英国私費留学を経て小樽商科大学商学部卒業。北海道電力（株）入社，同社より国際大学・ニューヨーク大学修士課程派遣留学，国際大学ＭＡ。のち北海道大学農学研究科博士後期課程修了，博士（農学）。小樽商科大学商学部助教授（経済データ解析論），名古屋大学ＭＢＡコース併任を経て，小樽商科大学ビジネススクール教授（企業家精神）。2022 年教授定年退職。ＮＥＤＯ技術委員，経産省・文科省の各委員を歴任。主著：以下，同文舘出版より『ＭＢＡのための企業家精神・講義』，武田立・瀬戸篤『イノベーションの成功と失敗』，瀬戸篤・武田立・金丸清隆・江戸川泰路『イノベーション具現化のススメ』。

出口　秀樹 (でぐち　ひでき)

税理士，米国税理士（ＥＡ）。ＢＤＯ税理士法人札幌事務所代表社員。株式会社ドルフィンマネジメント代表取締役。1967 年北海道札幌市生まれ。1991 年北海道大学文学部卒業

1998 年 5 月，出口秀樹税理士事務所開所。より広い専門知識をつけるため，小樽商科大学大学院商学研究科入学，2005 年修了（商学修士）。2021 年 7 月ＢＤＯ税理士法人と合併，同事務所代表社員に就任。

中小企業の税務・会計・経営のサポートを行うとともに，個人の税務対策などにも積極的に取り組んでおり，その内容は多岐に及ぶ。経営管理者向けのわかりやすい財務分析や財務三表の読み方，不動産税務，事業承継などをテーマとしたセミナー講師として活躍中。

著書に『会社の整理・清算・再生手続のすべて』（中央経済社），『知れば知るほど得する税金の本』『知れば知るほど得する領収書の本』（三笠書房《知的生き方文庫》），『節税が分かれば，会社は簡単に潰れない』（光文社新書），『会社経営 100 問 100 答』（明日香出版）など多数がある。

ＢＤＯ税理士法人札幌事務所

北海道札幌市豊平区平岸 3 条 14 丁目 1 番 25 号 CRUISE　BLDG　2F

HP　https://www.bdotax.jp/ja-jp/home

事業存続のための

M＆Aのススメ

2023年10月1日　第1版第1刷発行

著　者	瀬　戸　　　篤
	出　口　秀　樹
発行者	山　本　　　継
発行所	㈱中　央　経　済　社
発売元	㈱中央経済グループ パ ブ リ ッ シ ン グ

〒101-0051　東京都千代田区神田神保町1-35
電話　03（3293）3371（編集代表）
　　　03（3293）3381（営業代表）
https://www.chuokeizai.co.jp
印刷／文唱堂印刷㈱
製本／㈲井上製本所

© 2023
Printed in Japan

＊頁の「欠落」や「順序違い」などがありましたらお取り替えいた
しますので発売元までご送付ください。（送料小社負担）
ISBN978-4-502-47271-8　C3034